BEM-ME-QUER
MALMEQUER

Histórias verdadeiras de mulheres
e suas escolhas de carreiras

Contato com as autoras:
fangerami@editoraevora.com.br
sangerami@editoraevora.com.br

FERNANDA e STELLA ANGERAMI

BEM-ME-QUER
MALMEQUER

Histórias verdadeiras de mulheres
e suas escolhas de carreiras

editora ÉVORA.

Presidente
Henrique José Branco Brazão Farinha

Publisher
Eduardo Viegas Meirelles Villela

Editora
Cláudia Elissa Rondelli Ramos

Preparação de Texto
Vânia Cavalcanti/Know-how Editorial

Revisão
Fernanda Simões Lopes/Know-how Editorial

Projeto Gráfico e Editoração
Janaina Beltrame/Know-how Editorial

Capa
Listo Comunicação

Impressão
Edições Loyola

Copyright © 2012 by Editora Évora

Todos os direitos desta edição são reservados à Editora Évora.

Rua Sergipe, 401 – conj. 1310 – Consolação
São Paulo, SP – CEP 01243-906
Telefone: (11) 3562-7814 / 3562-7815
Site: http://www.editoraevora.com.br
E-mail: contato@editoraevora.com.br

Dados Internacionais para Catalogação na Publicação (CIP)

A594b

Angeramis, Fernanda
  Bem-me-quer, malmequer : histórias verdadeiras de mulheres suas escolhas de carreiras / Fernanda Angeramis, Stella Angeramis. - São Paulo : Évora, 2012.
  ....p. : il. ; ...cm.

  ISBN 978-85-63993-35-9

  1. Mulheres – Emprego. 2. Interesse profissional. 3. Vocação profissional. I. Angeramis, Stella. II. Título.

CDD 331.71

José Carlos dos Santos Macedo   Bibliotecário CRB7 n. 3575

Sobre as autoras

Fernanda Angerami é especialista em *Coaching* com Psicodrama pela Potenciar – 2008. Especialista em Mediação Transformativa pelo Instituto Família – atual Instituto Mediativa, SP – 2007. Graduada em Pedagogia, com habilitação em Administração Escolar – FATMA. Certificada pela Myers-Briggs Type Indicator (MBTI®) – níveis Step I e II –, desde 2001. Foi professora do Curso de MBA da SSJ – Cadeira de RH.

•••

Stella Angerami é administradora de empresas com especialização em Psicologia Social das Organizações pelo Instituto Sedes Sapientiae e em Mediação pelo Instituto Família – atual Instituto Mediativa, SP, reconhecida pelo Instituto Nacional de Mediação e Arbitragem (Inama). Possui cursos de aperfeiçoamento profissional em Gestão Estratégica de Negócios pela Fundação Getulio Vargas – FGV; *Coaching* pela Corporate Coach University; e *Team Coaching Training* pela Results Coaching Systems. É certificada internacionalmente no uso da ferramenta PROFILOR (360°) pela Personnel Decisions International (PDI) e no MBTI®, qualificada desde 1997 – níveis Step I e II – tendo participado da viabilização e implantação dessa ferramenta no Brasil.

Agradecimentos

Nosso mais sincero obrigado à Sofia e ao Edoardo, por abrirem mão da mãe pelo projeto familiar, que foi a construção da consultoria.

Ao Nelson, pela presença serena e apoio constante.

À Mabel e ao Eduardo, nossos pais, por terem nos dado a vida em sua plenitude.

À querida Celita, ao Bucas, à Isabel e à Luisa, por terem acreditado em nosso projeto desde o início.

Ao Laércio, pelo carinho e atenção constantes.

Ao LP, nosso grande conselheiro!

À Wanda, aos amigos, clientes e fornecedores que contribuem sempre com o nosso trabalho.

Fernanda e Stella

Prefácio

Fiquei muito feliz quando recebi um e-mail da minha "guru" Stella Angerami comentando sobre seu livro, escrito em parceria com sua irmã, com o intrigante nome de *Bem-me-quer, malmequer*. Conhecendo seu trabalho, imaginei que a obra tratasse sobre uma das principais ferramentas de trabalho com que somos ajudados com sua empresa de consultoria, enfim, sobre MBTI®.

Quando comecei a ler *Bem-me-quer, malmequer*, achei que estava lendo uma obra de ficção baseada em fatos reais, que fosse subliminarmente fazer com que as mulheres, em suas devidas idades, pudessem se identificar com uma ou outra personagem e tivessem, assim, um momento de reflexão.

Com o decorrer da leitura, minha percepção havia mudado. Entendi que aquele livro era como um guia para as mulheres, não destinado a certa idade, mas a todas elas. Serviria para cada uma identificar situações adequadas para suas próprias resoluções e prepará-las para uma decisão futura, permitindo assim que cada uma pudesse trilhar uma carreira sabendo exatamente qual seriam suas dificuldades e decisões a serem enfrentadas. Enfim, um guia escrito por duas mulheres para todas as mulheres, de todas as idades.

A partir da segunda parte até o final, já havia novamente mudado minha interpretação de qual seria o público-alvo do livro e a quem ele se dirigia com mais propriedade. Qual leitor poderia ter maior "ganho" com aquela leitura? E de repente me veio uma surpresa. Este livro era destinado justamente aos homens! Foi impressionante como eu, pai de duas filhas, profissional trabalhando com centenas de mulheres, claramente percebi como a cabeça feminina pode ser e como muitas vezes nós homens não as entendemos. Somos partes de suas decisões, de seus anseios e desejos, frustrações e alegrias, de seu sucesso.

Sim. *Bem-me-quer, malmequer* é um livro dedicado a todas as idades, a todos os sexos, a todas as pessoas, sendo profissionais ou não. Um livro de cabeceira, um guia rápido de ajuda, um conselheiro do comportamento feminino traduzido aos homens. Um livro leve, interessante, com histórias verídicas, transmitidas de maneira extremamente positiva e lúdica. Um livro escrito por duas grandes mulheres e profissionais, que eu recomendo a todo homem de negócios, para um aprendizado de como conviver com profissionais tão competentes, que possuem comportamento próprio e tão belo, se compreendido.

Cyro Diehl é presidente da Oracle do Brasil.

Apresentação

Já no início desse livro, vocês perceberão que as próprias autoras são mulheres com um perfil empreendedor, com objetivos claros, que somaram suas inteligências para superar as dificuldades e inovaram dentro de um cenário desfavorável.

Esse perfil empreendedor a qual me refiro traz características importantíssimas e exige atitudes nas quais o perfil atual favorece mais a mulher.

Características como a intuição, saber lidar com várias coisas ao mesmo tempo, descentralizar, educar, dentre outros, estão dentro do que as empresas precisam nessa economia contemporânea.

É claro que a soma das forças, de homens e mulheres, é imprescindível e as empresas que souberem ter o equilíbrio de utilizar o melhor dos dois mundos com certeza conseguirão muito mais resultados.

O trabalho desenvolvido por essas profissionais, além de ajudar no desenvolvimento e na orientação da carreira feminina, também revela informações muito valiosas para entendermos o contexto em que nós mulheres vivemos hoje.

Dentro de cada capítulo, encontramos dicas importantes para fugirmos de algumas armadilhas comuns, mas imperceptíveis se não tivermos certo tipo de experiência.

Esse livro narra histórias das carreiras de mulheres brasileiras de diferentes faixas etárias: seus desafios, dilemas, oportunidades profissionais/pessoais e decisões de vida.

Todos os casos são apresentados com uma ótima dose de detalhes que podemos, muitas vezes, transportar para nossa realidade e enxergar algumas alternativas que não são tão convencionais.

Aproveitem a leitura!

Luiza Helena Trajano é presidente do Magazine Luiza.

Sumário

Introdução	01
Afinal, o que é carreira?	03
Nossas trajetórias	05
A história de Fernanda	06
A história de Stella	08
Conjugando o verbo empreender	11
Sócias versus irmãs	12
Saber crescer	14
Fazendo o "dever de casa"	18
Realização pessoal	19
A sinuosidade da carreira feminina	21
Mãe da carreira e dos filhos	22
Carreira ou trabalho?	24
Histórias de carreira	27
17 a 21 anos – a escolha	29
Aline, 17 anos	33
Bianca, 17 anos	35
Camila, 17 anos	36
Daniela, 19 anos	37
Érica, 17 anos	39
Flávia, 18 anos	42
22 a 28 anos – o confronto	45
Gabriela, 28 anos	47
Heloísa, 27 anos	49
Isabella, 28 anos	51
29 a 35 anos – a corrida	55

Juliana, 32 anos 57
Kátia, 34 anos 58
Luciana, 33 anos 60
Mônica, 33 anos 61
Nicole, 31 anos 62
Olívia, 30 anos 64
Patrícia, 35 anos 66

36 a 42 anos – a hora da verdade 69
Rita, 38 anos 73
Solange, 38 anos 76
Thereza, 38 anos 79
Vivian, 36 anos 80
Wanda, 38 anos 81
Yara, 41 anos 83
Adriana, 38 anos 84
Beatriz, 38 anos 86
Carolina, 39 anos 87

43 a 49 anos – em busca do equilíbrio 89
Débora, 49 anos 92
Elizabeth, 45 anos 93
Fátima, 43 anos 94
Glória, 44 anos 97

50 a 58 anos – novas escolhas 99
Helena, 50 anos 101
Irene, 54 anos 103
Júlia, 52 anos 105
Karina, 53 anos 106
Luíza, 56 anos 107

59 anos em diante – de volta ao futuro 111
Marta, 60 anos 113
Neusa, 59 anos 115
Olga, 59 anos 116

Encerramento 121

Anexo 1 – Pesquisa Angeramis 125
Anexo 2 – Método Angeramis – Projeto de desenvolvimento de carreira 129
É importante destacar... 130
Quem é você? 132
Anexo 3 – A ONU e os "Princípios de empoderamento das mulheres" 133

Introdução

Quando a Editora Évora nos convidou para escrever um livro sobre desenvolvimento e orientação de carreira, ficamos muito entusiasmadas e logo sugerimos falar sobre o tema no feminino.

Primeiro porque temos a oferecer a experiência de nossas próprias trajetórias profissionais e de vida. Segundo porque, embora existam excelentes publicações sobre carreira, vimos uma oportunidade de trazer a público vertentes específicas da vida profissional das mulheres. De acordo com nossa vivência de mais de dez anos na área, embora ela passe por idênticos impasses e decisões da dos homens, possui características que não estão presentes na versão masculina.

O principal argumento que corrobora essa afirmativa vem do nosso portfólio de clientes, com mais de cinco mil nomes, somando pessoas jurídicas e físicas. E nele observamos que a maioria dos projetos de desenvolvimento profissional para homens é indicada e amparada pelas empresas onde trabalham. Entre as mulheres, um percentual bem alto dos projetos vem de iniciativa própria, ou seja, da parte delas.

Não é objetivo do livro discutir essa questão, mas o fato não deixa de revelar que, para muitas empresas, a carreira da mulher ainda é considerada nas suas especificidades.

Preferimos, portanto, que os casos aqui relatados, de mulheres visando ou ocupando postos executivos, falem por si, cabendo ao leitor tirar suas próprias conclusões.

Outro argumento que endossa nossa opção pela carreira feminina neste livro vem do crescimento cada vez maior do número de mulheres no mercado de trabalho formal,[1] e é consenso entre os gestores que elas vieram não só para ficar, como

---

[1] Segundo a Síntese de Indicadores Sociais – SIS, do Instituto Brasileiro de Geografia e Estatística – IBGE, o trabalho formal de mulheres jovens e idosas subiu de 41,5%, em 1999, para 48,8%, em 2009.

para contribuir – e muito – com novos estilos de gestão, tendo inaugurado, inclusive, uma nova era nas relações humanas das empresas. Em criatividade e inovação, são novamente elas que se destacam.

Podemos lembrar ainda outras características, como a reconhecida capacidade de adaptação a novas situações – essencial nestes tempos de mudança contínua. Compromisso, responsabilidade, dedicação, percepção para detalhes, olhar abrangente e atitude democrática são marcas femininas também ressaltadas pelo universo corporativo.

Quanto à capacitação, é unanimidade que as mulheres nada perdem em relação aos homens. Com sólida formação, iniciativa, versatilidade e espírito empreendedor, elas atendem a essas e a outras exigências de carreira com louvor. Portanto, não residem aí seus maiores desafios – como revelarão claramente os relatos que trazemos para este livro.

Surgem, então, as questões: por que ainda é proporcionalmente baixo o número de mulheres em postos de comando e decisão nas empresas? Por que, sabidamente, seus salários são menores do que os de homens na mesma posição e empresa? Por que, com quatro décadas de presença maciça no mercado de trabalho, poucas mulheres ocupam postos de CEO (presidente-executivo)? Quais desafios a carreira feminina enfrenta e não são percebidos, encarados ou tratados da mesma forma como na carreira masculina?

Esperamos, sinceramente, que mulheres e homens reflitam e encontrem suas próprias respostas a essas perguntas ao lerem as próximas páginas. E, a partir daí, possam também pensar sobre a natureza das questões que envolvem e diferenciam a trajetória profissional feminina.

Boa leitura!

Fernanda e Stella

Afinal, o que é carreira?

Carreira, sob o ponto de vista profissional, é um termo muito usado no sentido encontrado nos dicionários como "profissão que oferece oportunidades de progresso ou em que há promoções".[1]

O nosso conceito, porém, é mais amplo: *carreira significa correr para atingir um resultado, dentro de um período determinado, que tenha significado e proporcione prazer e recompensa – seja por meio de movimentos ascendentes ou laterais.*

É consensual, hoje, que qualquer carreira passe por, no mínimo, três grandes mudanças – em média a cada dez anos –, o que não significa que cada uma delas represente um mar de tranquilidade. Os desafios são constantes e exigem sempre movimentos rápidos para um alinhamento profissional e pessoal.

Mudanças de setor de atuação, de cidade, de país; perda de talentos e busca de novos; aumento ou diminuição de equipes; decisões acertadas e erradas; incertezas sobre o futuro são apenas alguns dos desafios atuais enfrentados por todos que optam por uma carreira. E não mencionamos os da área pessoal – amor, casamento, filhos, saúde, qualidade de vida, formar patrimônio –, que requerem, em alguns momentos da vida do profissional, alguns toques de genialidade...

Considerando o conjunto de possibilidades que envolvem o desenvolvimento profissional e partindo dos contextos, perfis e aspirações de nossas clientes (ver *Anexo 1 – Pesquisa Angeramis*, p. 125), optamos por organizar em blocos as histórias aqui apresentadas, que intitulamos *Histórias de carreira*.

O foco está nas passagens que envolvem desafios e questionamentos que nossa experiência demonstra como os mais comuns em sete etapas cronológicas da vida feminina:

---

[1] Dicionário *on-line* do site UOL, disponível em: <http://houaiss.uol.com.br/busca.jhtm?verbete=carreira&x=9&y=6&stype=k>.

- Dos 17 aos 21 anos – Quem eu penso que vou ser – *A escolha*
- Dos 22 aos 28 anos – Comparando sonho e realidade – *O confronto*
- Dos 29 aos 35 anos – Período de competitividade – *A corrida*
- Dos 36 aos 42 anos – Entre a razão e a emoção – *A hora da verdade*
- Dos 43 aos 49 anos – Momento de alinhar valores – *Em busca do equilíbrio*
- Dos 50 aos 58 anos – Posso ter uma segunda carreira – *Novas escolhas*
- Dos 59 anos em diante – Aposentadoria e trabalho – *De volta ao futuro*

É importante destacar que, por razões éticas, foram modificados os nomes das clientes e respectivas empresas para as quais elas trabalham nas histórias aqui apresentadas. Mantivemos apenas dados relevantes quanto aos momentos profissionais que levaram mulheres a buscar o que a consagrada especialista Hermínia Ibarra chama de "identidade de carreira".

Para os homens, este livro oferece uma enorme possibilidade de compreender melhor o olhar feminino para as oportunidades profissionais, assim como o contexto que envolve as respectivas opções.

Para as mulheres, esperamos que os relatos aqui feitos possam representar desafios e direções para suas próprias carreiras. Acreditamos, também, que algum deles possa assemelhar-se muito ao momento que as leitoras estejam vivendo e poderá inspirá-las em suas decisões.

Antes de passarmos, porém, para as *Histórias de carreira*, convidamos você a compartilhar nossas trajetórias profissionais, os desafios que enfrentamos e os movimentos que fizemos até optarmos por um empreendimento e desenvolvermos nosso próprio negócio. Consideramos que eles podem ser inspiradores para muitas profissionais em momentos de mudança.

Mais ainda, no Anexo 2, apresentamos o método de desenvolvimento e orientação de carreira que criamos e que cresceu conosco na **Angeramis Desenvolvimento Profissional**; tema sobre o qual muitas pessoas nos perguntam e encontramos aqui a oportunidade de explicá-lo como parte essencial de nossa história.

Vale ressaltar que *o aconselhamento de carreira se tornou um dos principais fatores de retenção de talentos femininos nas empresas*, tendo sido apontado por 63% das 465 mulheres entrevistadas pela *Sophia Mind – Pesquisa e Inteligência de Marketing*.[2]

O levantamento foi realizado em setembro de 2010, com mulheres de 25 a 50 anos, nível superior completo e profissionais dos setores público e privado de todo o Brasil.

---

[2] Disponível em: <http://www.sophiamind.com>.

Nossas trajetórias

Ano 2000. No mundo e no Brasil, tudo estava mudando em uma velocidade incrível. A globalização, acelerada desde a década de 1980, consolidava-se, aumentando a interdependência direta dos países e a concorrência entre poderosas economias.

A revolução tecnológica se expandia, mas no Brasil da época, apenas 4% da população tinha acesso à internet, o que significava ocupar o 10° lugar no ranking da rede mundial. Era preciso correr contra o tempo.

Nas empresas, os impactos econômicos, tecnológicos e sociais faziam crescer a competitividade. Qualidade e produtividade se tornaram palavras-chave. Havia pressão pela busca do conhecimento. Deu-se a largada para a corrida ao aperfeiçoamento e à qualificação profissional. No Brasil, aqui e ali, falava-se timidamente de aconselhamento de carreira ou *coaching*. Um grande número de profissionais estava inseguro e sem direção.

Mas ninguém poderia dizer que estava preparado para o que viria a seguir.

Em pouco tempo, as empresas começaram a enxugar custos, diminuir hierarquias, horizontalizar ambientes de trabalho, fazer fusões e aquisições, para citar apenas alguns dos novos cenários que levaram enormes mudanças para o mercado de trabalho. Nas empresas, cresciam os programas de incentivo à demissão voluntária, enquanto no mercado, surgia uma verdadeira caça aos talentos. Paradigmas de gestão e de carreira caíam por terra como um castelo de cartas.

E lá estávamos nós, duas Angeramis em meio a esse turbilhão. Ambas com mais de 35 anos de idade, carregando perfis profissionais e histórias de vida completamente diferentes, encontrávamo-nos, também por motivos diferentes, diante de uma mesma pergunta: como dar seguimento às nossas carreiras?

••• A história de Fernanda •••

Minha carreira começou na área do Magistério, o que, no meu caso, deveria ser considerado estranho, já que sempre fui rebelde, a começar pela escola. Desde a primeira série, eu questionava professores, não me conformando com a ideia de "decorar tudo", e não gostava nem um pouco de me sentir comandada.

Quem me ajudava muito nos estudos era a minha irmã, Stella, um ano mais nova. Ela sempre foi boa aluna e, como dormíamos no mesmo quarto, ela acabava por me dar muito apoio.

Minha mãe fez um esforço sobrenatural para que me adaptasse à rotina escolar. Minha outra irmã, Celita, também ajudava, no entanto, todo o empenho delas acentuava ainda mais minha rebeldia. Percebi, um pouco mais tarde, que mais do que nunca a escola é que tinha que mudar!

Apesar de tudo, cheguei ao fim da oitava série e resolvi procurar minha tia Vera, proprietária de uma escola, para saber como era a profissão de professora. Parece ironia uma aluna rebelde querer ser professora. É que, na verdade, queria mostrar que era possível ser diferente daqueles professores que eu havia tido.

Naquela época não havia espaço para crianças como eu, o ensino era muito fechado, seguia modelos pedagógicos rígidos e eu sofria com isso. No entanto, minha tia havia dito que a vida de professora era boa porque a mulher poderia casar-se e também trabalhar. E mais: teria dois períodos de férias!

No ano seguinte, lá estava eu cursando magistério, o que, na época, era curso de nível médio. Concluí o curso, fiz estágio em uma pequena escola para onde ia de bicicleta. Com o primeiro salário comprei uma bota de camurça de salto alto que, convenhamos, não tinha nada a ver com a imagem de uma professora no Brasil dos anos de 1980!

Terminado o estágio, arrumei um emprego com carteira assinada, mas continuava inconformada com os rígidos métodos de ensino. Decidi, então, fazer cursos sobre propostas de ensino que estavam revolucionando esse cenário, como a de Montessori e a de Paulo Freire – criador da pedagogia do oprimido. Eram formas diferentes de ensinar, que não humilhavam o aluno, e eu via, enfim, um caminho para que tudo mudasse – como realmente mudou no contexto geral.

Pensei depois em fazer Psicologia, ideia que me trouxe dúvidas inesperadas. Primeiro pela reação do namorado, que disse categórico: "Não caso com uma psicóloga".

Aqui, vale um recorte para dizer que, naquela época, os namorados e namoradas tinham muita influência na vida de um e de outro. Uns eram os futuros cônjuges dos outros. Namorar era algo muito sério.

A segunda dúvida quanto a cursar Psicologia veio quando falei com meu pai a respeito. Ele, que não costumava pressionar as filhas em nada, pediu-me para que pensasse melhor antes de decidir. Fiquei insegura, pois naquele tempo, como diz Stella, era tudo muito definitivo. Quando você optava por uma faculdade, uma profissão, invariavelmente era "para sempre". Em resumo, fiquei sem o namorado e desisti de ser psicóloga.

Passei, então, a lecionar em uma escola de grande porte, pioneira na aplicação de novos métodos pedagógicos, e procurei desenvolver minha formação fazendo vários cursos na área. Mas sentia que, definitivamente, não queria lecionar. Conversava muito sobre isso com a Stella e amigas e, assim, o amigo de uma delas nos informou sobre uma oportunidade na Itália, para trabalhar em uma cooperativa de produtores de maçãs.

Muita gente pensaria duas vezes, mas eu não. Entrei em contato com a pessoa e aceitei o desafio. Aprendi um pouco de italiano, o suficiente para pedir água e saber onde ficava o toalete. Em casa, meu pai dizia: "Não vá embora, você vai deixar tudo que construiu até aqui, e acho que você nem gosta de maçã!"

Mas estava decidida e lá fui eu para o norte da Itália. Gostava, e até hoje gosto, de enfrentar desafios. Lá encontraria vários: o idioma, a cultura, o desenvolvimento do RH da cooperativa, a negociação com sindicatos e até (isso só soube depois) guiar trator e colher maçã...

Comecei trabalhando na regulamentação dos estrangeiros – a cooperativa estava se profissionalizando e contava com uma equipe de cinco pessoas muito competentes. Estabelecemos regras de segurança e outras de qualificação para participar do concorrido Mercado Comum Europeu.

Desafios não me faltaram realmente, inclusive na vida pessoal. Estava lá havia dois anos quando conheci o homem com quem me casei, tive dois filhos e, mais tarde, de quem me divorciei. Permaneci na Itália até 1998, quando voltei para o Brasil com duas crianças para começar uma nova vida.

Profissionalmente estava decidida a continuar na área de RH, mas só recebia propostas para trabalhar como professora. O foco dos departamentos de seleção sobre o meu currículo era sempre na educação, primeiro porque minha formação era no magistério, e segundo porque minha experiência em RH havia sido fora do país.

Acabei voltando a dar aulas, agora em uma escola de alto padrão educacional. Aproveitei para fazer faculdade de Pedagogia e, depois, especialização em Administração Escolar.

Mas ainda não estava satisfeita e comentei o fato com minha irmã. Por isso, quando ela soube de uma oportunidade para o RH de um *call center*, avisou-me imediatamente. Deu tudo certo e finalmente voltei para a área que desejava. O trabalho era de recrutamento e seleção, mas muitas vezes me vi dando conselhos de carreira para pessoas com potencial para outras funções ou insatisfeitas com as que ocupavam.

Essa minha etapa profissional chegou ao fim quando a diretora da empresa anunciou uma reestruturação para que o recrutamento e a seleção se tornassem mais rápidos. E deu o prazo de 30 dias para a adaptação. Sob meu ponto de vista, a rapidez diminuiria a qualidade do trabalho. Fiquei bastante contrariada e pensei em deixar a empresa. Percebi que estava em grande dificuldade, pois gostava muito das pessoas com as quais trabalhava. Porém, precisava decidir e escolhi o que era mais importante para mim como profissional. Pedi demissão. Estávamos no final do ano 2000.

Enquanto aguardava outra oportunidade no mercado, ia muito ao apartamento de minha irmã, que havia se demitido de uma consultoria de RH, onde desenvolvera, com muito sucesso, a divisão de aconselhamento profissional. Mas, ao ser vendida para uma multinacional, a empresa decidiu desativar a área comandada por ela e focar em recolocação.

Em casa, Stella passava muitas horas ao telefone, falando com pessoas que continuaram a procurá-la para aconselhamento de carreira. E fazia isso sem ganhar nada!

••• A história de Stella •••

Similar a muitas mulheres de minha geração, formei-me em Magistério. Paralelamente, cursei Artes Plásticas e depois fui para a faculdade de Publicidade e Propaganda, que não concluí, já que não aconteceu a identificação que esperava. Gostava mais de lidar diretamente com pessoas, de planejar, de tomar decisões. E resolvi fazer Administração de Empresas.

Embora na época fosse comum a família influenciar e até decidir o futuro profissional dos filhos, meus pais eram muito liberais nesse sentido. Anos mais tarde até perguntei para o meu pai, que foi um grande executivo, por que, quando decidi fazer Publicidade e Propaganda, ele não me pressionou para fazer um curso que tivesse mais a ver com minhas preferências. Lembro muito bem de sua resposta: "E alguém consegue obrigar você a fazer alguma coisa?".

Como era muito decidida, ele deve ter dito isso por achar que já havia feito minha opção. É importante lembrar que ele era de outra geração, em que a mulher não fazia faculdade, e deveria dedicar-se apenas a atividades beneficentes e filantrópicas, além de cuidar da casa, da educação dos filhos e dos cuidados com o marido. Nem passava pela cabeça dos nossos pais que uma filha, se quisesse, também poderia ir para a Nasa ou chegar a ganhar um Prêmio Nobel. Minha mãe fez um ano de Psicologia e deixou o curso porque se casou. Eram outros tempos, tempos em que a mulher não precisava e "não deveria trabalhar, pois um dia iria se casar". Ela se casou bem jovem e considera-se uma mulher realizada, pois os dois foram muito felizes durante os 45 anos de união.

Assim que me formei em Administração, comecei a trabalhar na área comercial de publicidade, na qual permaneci por quatro anos até mudar para uma grande empresa de cartão de crédito, onde fui muito bem-sucedida.

Apesar do sucesso com meu trabalho, percebia que não era bem aquilo que desejava. Gostava mais de lidar com as pessoas, ajudando-as a resolver seus problemas. A oportunidade para isso veio mais tarde, por meio de uma consultoria de recursos humanos.

Era uma empresa nacional, de pequeno porte, voltada para treinamento e recolocação, cujas diretoras me perguntaram se eu tinha interesse em desenvolver uma nova área de aconselhamento profissional, chamada Pessoa Física. O objetivo era tratar o "preventivo" e não o "corretivo" das carreiras, conceito sobre o qual conversávamos muito. Concordei de imediato, tendo início, assim, minha paixão pelo aconselhamento profissional. Formalmente, meu cargo era de gerente de divisão de Planejamento de Carreira e *Coaching* (PCC).

Comecei em 1997 com uma pequena equipe e em pouco tempo a área passou a responder por 33% da demanda da consultoria. Acho importante destacar esse percentual porque revela a existência, na época, de uma demanda reprimida para esse tipo de serviço.

Fiquei envolvida profundamente com o trabalho e não parei para pensar no futuro, com "agora vou fazer isso, fazer aquilo". Minha carreira foi se desenvolvendo de forma natural.

No ano de 2000, tudo mudou. A empresa foi comprada por uma multinacional americana sem interesse em manter meu setor e realocou os consultores em outras áreas. No meu caso, fui convidada para um cargo comercial, já que meu currículo indicava essa experiência anterior.

Levei um choque. Estava superapaixoanada pelo meu projeto de aconselhamento. Fiquei praticamente três meses pensando na proposta que me fizeram, enquanto fazia a passagem para a nova estrutura da empresa.

Ao final desse período, era mais do que claro para mim que voltar para a área comercial representava um retrocesso, e não um crescimento de carreira. Apesar de a oferta salarial ser boa, esta era uma experiência de muitos anos atrás que não tinha vontade de retomar. Estava segura de que deveria continuar com meu trabalho em aconselhamento. Sabia que o mercado era carente desse tipo de serviço, pois não era "moda" e sim o início de um movimento em que os profissionais admitiam a ideia de contratar alguém para dar conselhos profissionais. O potencial de mercado existia, era grande, e sabia que tinha competências para executar esse trabalho.

Resolvi abrir mão da oportunidade oferecida pela multinacional e pedi demissão. Saí pela porta da frente, tendo conquistado grandes amigos.

Deixei a empresa em dezembro de 2000 e, em janeiro do ano seguinte, andava de um lado para o outro em meu apartamento pensando no que deveria fazer dali em diante: abrir uma empresa ou não? Ir para o mercado de trabalho ou não?

Continuava apaixonada por aconselhamento, mas não via possibilidade próxima de colocação na área, praticamente inexistente no mercado, no qual o grande foco era a recolocação profissional. O que eu poderia esperar, então? Será que teria que me candidatar a vagas para o RH de uma empresa? Ou iria para uma consultoria de recrutamento, seleção e recolocação, ainda que esses nunca tenham sido meus objetivos profissionais?

Fiquei realmente mergulhada no chamado "momento de decisão". Tinha apenas uma certeza: a do que eu NÃO queria.

Em meio a esse cenário, ocorreu algo inesperado: mesmo após a minha saída, muitas pessoas que havia atendido me procuravam na antiga empresa que, por sua vez, fornecia a elas o número do meu telefone. Assim, continuei fazendo aconselhamento, embora apenas por telefone e de modo informal. Praticamente como amiga daqueles meus ex-clientes, muitos dos quais atendo até hoje.

A ideia de montar uma empresa, porém, não estava clara na minha mente. Hoje, quando analiso o porquê, percebo que tinha muito a ver com o fato de não ter sido estimulada pela minha geração e por falta de exemplos femininos na família, em abrir um negócio.

Sabia que a área de aconselhamento estava se consolidando no exterior e crescia cada vez mais nos países desenvolvidos, mas aqui ainda era incipiente, apesar de minha crença na expansão deste nicho de mercado. Exatamente nesse meu momento de carreira, entrou em cena minha irmã, Fernanda, que teria papel fundamental nas decisões que se seguiriam.

Ela também havia acabado de deixar seu trabalho em recrutamento e seleção para telemarketing de um *call center* e buscava outra oportunidade em RH. Além da última colocação, Fernanda trazia em seu currículo experiência em magistério e sete anos em recursos humanos de uma cooperativa de produtores de maçãs na Itália.

De repente, estávamos juntas novamente, sem saber como dar seguimento às nossas carreiras e continuar fazendo o que gostávamos, respeitando nossas competências, perfis, experiências anteriores e habilidades.

E foi assim que tudo começou.

••• Conjugando o verbo empreender •••

Em nossa carteira de clientes, temos muitas histórias de profissionais que fizeram movimentos de carreira em direção ao empreendedorismo.

Mas queremos contar aqui a nossa experiência, como exemplo de mulheres que encontraram nessa saída uma forma de continuar seu crescimento profissional e humano – o que inclui trabalho também como fonte de prazer.

Podemos começar assim: era o fim do mês de janeiro de 2001. Havíamos pedido demissão de nossos empregos por insatisfação com as perspectivas profissionais oferecidas (ver *Nossas trajetórias*, p. 05). Estava difícil vislumbrar uma opção de mercado que nos interessasse. Ao mesmo tempo, não queríamos abrir mão de nossas carreiras na área de RH. Resolvemos, então, abrir uma empresa.

Assim que a ideia ganhou forma em nossas cabeças, precisávamos saber por onde começar. Era realmente uma nova e desafiadora missão.

O primeiro passo foi juntar nossas experiências e qualificações profissionais para formar o conceito da empresa. Precisávamos também tratar do mecanismo necessário para o funcionamento de uma consultoria. Unimos o conhecimento do processo, trazido de meu emprego anterior, onde montei a divisão de aconselhamento; e o repertório de Fernanda em negociação e controle financeiro, que seria de sua responsabilidade. O capital inicial? Apenas 500 reais.

Tudo o que conquistamos dali em diante foi obtido com o nosso trabalho. O que ganhamos por parte dos familiares foi apoio irrestrito. E como isso foi importante! Afinal, estávamos, ao mesmo tempo, animadas e assustadas com nossa iniciativa empreendedora.

Nessa fase decidimos o nome da consultoria – *Counselling by Angerami*,[3] usando nosso sobrenome de família. Encomendamos para um estúdio de arte a criação da logomarca e começamos a fazer contatos ainda em casa.

Toda a burocracia de abertura de uma empresa estava providenciada, mas a infraestrutura se limitava a dois computadores. Para quebrar a rotina, contávamos com uma mascote – uma cadela labradora chamada Meggy, que pulava em nosso colo de vez em quando. Mas, verdade seja dita, com a empresa aberta, disponibilidade de nota fiscal, propostas de contratações em papel timbrado e um cafezinho vez ou outra, o que mais poderíamos querer naquele momento? Fechar contratos, claro.

Em pouco tempo, tínhamos cinco clientes. Agora sim precisávamos de uma sede para trabalhar.

Fomos ver um escritório virtual para alugar, o que consideramos uma boa opção para começar. Quando chegamos à frente do prédio, muito elegante, ficamos um pouco assustadas ante a possibilidade de não termos como bancar os custos. Mas como a sala era bem decorada e equipada, resolvemos, como diz Fernanda, "enfrentar o desafio". Acertado o contrato de aluguel, fomos a um supermercado na região e compramos o básico para o dia a dia e para receber os clientes.

Tudo pronto, antes de voltarmos para casa paramos em uma barraca de cachorro-quente e comemos dois lanches no valor de 2 reais cada um, o que passou a simbolizar para nós o primeiro almoço pago pela empresa. Usando a metáfora do cachorro-quente, prometemos a nós mesmas que aquela seria a primeira e a última vez, como empreendedoras, que faríamos um almoço de baixo custo. A próxima meta seria almoçar em um bom restaurante. E assim, até hoje, a cada vez que alcançamos um objetivo, comemoramos e traçamos uma meta acima.

Para a empresa funcionar direito, dividimos responsabilidades e rotinas.

••• Sócias versus irmãs •••

Nesse período, também foi preciso aprender a conviver como sócias e não apenas como irmãs. Para tanto, usamos nossas próprias ferramentas de trabalho, entre as quais o *Myers-Briggs Type Indicator* – MBTI®, buscando aprimorar o autoconhecimento e estabelecer o alinhamento com nossas funções (sobre o MBTI®, ver

---

[3] No contexto empresarial, a palavra *counselling* é grafada de duas formas: na Europa é com dois *ll* e, nos Estados Unidos, com apenas um. Adotamos a forma europeia.

Anexo 2 – Método Angeramis – Projeto de Desenvolvimento de Carreira, p. 129). Essa decisão foi fundamental para administrarmos os conflitos inevitáveis dentro de uma sociedade empresarial e irmos adiante com objetividade.

Essa "receita" nos ajudou muito em todos os sentidos. Por exemplo, nos períodos das crises econômicas do país, sempre conseguimos driblar os desafios financeiros. Tínhamos um planejamento, feito por mim, Stella, prevendo essa possibilidade: criamos um fundo que nos daria condições de suportar até seis meses de "turbulência" no mercado.

Além disso, havia o lado ousado e criativo da Fernanda que nos trouxe alternativas inovadoras. Foi quando ficou clara para nós a diferença entre o empresário e o empreendedor. Meu papel é o de empresária; e o da Fernanda é o de empreendedora.

Desde o início, adotamos também o controle de estoque de materiais criado por mim. Talvez pareça curioso para muita gente: controle de estoque em uma empresa de duas pessoas? Mas havia uma boa razão: o nosso planejamento previa o crescimento da empresa e a contratação de alguns colaboradores. Quando eles chegassem, só teriam que dar continuidade aos procedimentos preestabelecidos.

Sabíamos que criar uma história de continuidade para a empresa era muito importante. Não tínhamos dúvidas de que cresceríamos. Assim, desde o início construímos uma base para depois não precisarmos reinventar a empresa a cada nova fase. Até hoje agimos dessa maneira. Por exemplo, criamos um sistema de ERP (*Enterprise Research Planning*) desenhado especialmente para o nosso negócio, em que tudo é anotado. Se uma de nós faltar, a outra abre o ERP e encontrará ali todo o histórico do cliente, tendo condição total de atendê-lo.

Outra iniciativa importante ao conceituar a empresa foi estabelecer os valores, os mesmos que preservamos até hoje: respeito pelo perfil de cada uma, confiança, espontaneidade, senso de humor, saber como dizer não, clareza das respectivas competências e, principalmente, reconhecimento do papel que cada uma exerce. Porque não basta definir papéis, ou seja, estabelecer "você faz isso e eu faço aquilo". É preciso reconhecer a pessoa no papel que ela exerce.

Gostaríamos de fazer aqui um recorte sobre o fato de sermos irmãs e sócias.

Para que as duas condições – a de irmã e a de sócia – não se misturassem, estabelecemos, desde o início, não trazermos para a empresa comentários comuns em qualquer família, como: "Desde pequena você age desse jeito", "Lembra aquela vez em que a mamãe disse...".

É preciso ter bastante autocontrole, muito cuidado com esse tipo de armadilha. Sempre ficamos atentas para agirmos como empresárias e não como irmãs no trabalho. Essa prática foi responsável, em grande parte, pela construção da confiança na nossa relação profissional.

••• *Saber crescer* •••

Na segunda quinzena de março de 2001, estávamos a todo o vapor. Nos primeiros três meses, resolvemos atender cada projeto de *counselling* em dupla, com o objetivo de criar uma metodologia única que identificasse nosso serviço e a forma de conduzi-lo. Juntamos, para tanto, nossas experiências: o repertório na área de consultoria (Stella) e a vivência pedagógica e em recursos humanos (Fernanda).

Nessa fórmula, entraram ainda muita pesquisa, consultas a sites do mundo e estudo das práticas e tendências da área. Estabelecemos que o conceito seria o de *counselling*, o que acabou nos posicionando como empresa pioneira nesta área no Brasil. Finalmente, chegamos à metodologia adotada até hoje, que passou por pequenas alterações, mas manteve em pelo menos 80% o seu conceito inicial, o que revela o acerto de nossas decisões na época.

Foi a fase em que validamos a nossa metodologia, o que nos deu mais segurança para nos estabelecermos no mercado. Os 500 reais de capital inicial foram devolvidos pela empresa em três meses. Nunca tivemos um investidor ou precisamos tirar dinheiro do próprio bolso e a empresa sempre se pagou. Bem no início de nossas atividades alguns investidores quiseram comprar a empresa e esse foi o melhor *feedback* que poderíamos ter.

Em agosto do mesmo ano, nossa carteira de clientes era tão positiva que precisamos contratar um financeiro. Alugamos mais duas salas e, dessa vez, encomendamos nossos próprios móveis. Estávamos adorando ser empreendedoras e ganhar dinheiro trabalhando naquilo que gostávamos. A rotina era muito prazerosa e nossa família, sempre muito importante para nós, estava encantada e acompanhava nosso crescimento de perto. Qualquer novidade, lá estavam nossos familiares nos visitando na consultoria, cumprimentando-nos. Esse apoio foi decisivo.

No fim daquele ano, nossa carteira de clientes continuava aumentando e, ao completarmos doze meses de funcionamento, contratamos uma consultora estagiária. Atendíamos uma média de oito a nove clientes por dia. Trabalhávamos muito, com prazer; mas eram nove, dez horas de dedicação, sempre desde às sete da manhã, porque tínhamos muitos atendimentos. Até brincávamos dizendo que o sofá da recepção na verdade servia também para "dormirmos". A sala em frente a nossa era de uma artista plástica especializada em arteterapia e, às vezes, entre um cliente e outro, íamos até lá para pintar uma cerâmica e relaxar.

Um dia o cansaço foi tanto que a Fernanda entrou na recepção e, ao estranhar a decoração, perguntou-se: "Por que será que a Stella mudou tudo aqui?". Demorou um instante para perceber que, na verdade, estava no escritório de outra empresa, no andar abaixo do nosso.

Nessa fase de trabalho intenso e crescimento da empresa, tivemos um imprevisto: uma advogada nos procurou dizendo que era proprietária da sala que ficava entre os dois conjuntos em que estávamos instaladas e queria negociar o aluguel. A proposta que fez era altíssima se comparada com o que pagávamos pelos demais conjuntos. A sala dela era a do meio e não podíamos abrir mão de espaço naquele momento. Porém, a proprietária não estava disposta a negociar.

A solução: saímos, fomos para o prédio em frente e encontramos um conjunto bem grande, ótimo e com preço realista. Alugamos na hora e, enquanto não terminava o contrato anterior, fomos aos poucos montando toda a infraestrutura. Isso foi possível porque tínhamos uma boa reserva financeira.

Em dezembro de 2002, mudamos e inauguramos oficialmente o nosso novo espaço. Tínhamos motivos para comemorar, afinal, iniciamos em uma sala de 26 m² e, um ano e meio depois, estávamos instaladas em 74 m².

Em fevereiro do ano seguinte, pela primeira vez, nossa rotina de trabalho sofreu uma mudança. Nosso pai ficou doente e, mesmo estando com as agendas lotadas, a cada vez que ele ia para a UTI, cancelávamos os agendamentos – nesse momento, éramos, antes de mais nada, irmãs com o pai doente. Foi assim durante quase um ano e meio.

Quando ele faleceu, muitos clientes, inclusive aqueles que tiveram seus horários cancelados, foram pessoalmente nos dar apoio. Esse momento é inesquecível e sempre lembramos com emoção, pois revela que, havendo estrutura, sinergia e solidez, o negócio suporta crises internas e externas.

Pouco tempo depois de retomarmos nossa rotina de trabalho, um de nossos clientes fez um comentário informal: "Acho que esse escritório não está à altura do trabalho que vocês realizam, não representa a competência que vocês têm".

Ele é presidente de uma empresa, uma pessoa especial que começou a empreender com pouquíssimos recursos e hoje conta com mais de 15 mil colaboradores – certamente ele deveria saber muito bem a razão de estar nos transmitindo aquela mensagem.

Naquela época, ele já era uma pessoa de peso no cenário empresarial, bastante respeitado no mercado e com grande presença na mídia; enfim, muito bem-sucedido.

Seu comentário nos fez lançar um olhar crítico para nosso espaço e localização e concluímos que ele estava certo. Realmente, deveríamos estar em um lugar mais adequado ao tamanho do nosso crescimento no mercado.

É importante destacar que nosso desenvolvimento teve enorme participação dos clientes, com quem estabelecemos naturalmente uma verdadeira via de mão dupla, recebendo constantemente *feedback* sobre nosso trabalho. Assim, tudo o que nos diziam, e tinha significado dentro do nosso contexto, era incorporado ao perfil da empresa.

Pouco tempo depois, alugamos um novo espaço, uma cobertura com cinco salas, no concorrido bairro de Pinheiros. O local precisava de uma grande reforma e tivemos a sorte de conhecer, no mesmo edifício, dois arquitetos premiados que desenvolveram um projeto para o nosso novo ambiente. Ficou lindo, muito diferenciado e funcional, montamos até uma biblioteca!

Foi um período muito gostoso e que nos ajudou a superar a perda do nosso pai. Estávamos reescrevendo a história da nossa empresa, vivendo um *boom* no crescimento e ultrapassando a perigosa barreira dos cinco anos de existência. De acordo com um levantamento do Sebrae São Paulo, naquela época 62% das pequenas empresas fechavam até o quinto ano de atividade.[4]

Nós, ao contrário, estávamos crescendo cada vez mais, contratamos vários consultores, pessoal administrativo – e trabalhávamos muito. São incontáveis as fotos que tiramos de comemorações de novos contratos!

Nos anos seguintes, nossa carteira de clientes cresceu ainda mais e havíamos ampliado nosso portfólio de serviços.[5] Sempre procuramos diversificar o perfil de clientes, tanto de pessoa jurídica como de física, lembrando do conselho dado por um primo muito bem-sucedido: "Cuidado com a cesta de ovos".

O que ele queria nos dizer? Que não contássemos apenas com o grande cliente, pois ele poderia encher a nossa cesta agora, mas, de um momento para o outro, em uma hora de crise, esvaziá-la. O bom seria ter vários ovos distribuídos em várias cestas.

---

[4] Fonte: "10 anos de monitoramento da sobrevivência e mortalidade de empresas", Sebrae/São Paulo, 2008. Disponível em: <http://www.biblioteca.sebrae.com.br>.

[5] Projetos corporativos: *counselling* – aconselhamento; mapeamento e avaliação de perfil; desenvolvimento de equipe; *feedback* 360°; *coaching* de *performance*; mediação; comunicação para executivos. Para pessoa física: aconselhamento profissional e comunicação interpessoal. Para os jovens: escolha e planejamento de carreira.

No final de 2008, passamos por um momento delicado. Eu, Stella, entrei em crise. O crescimento da empresa e o modelo de negócio exigiam administrar muitas pessoas, resolver problemas burocráticos, fatores que foram "roubando" o meu tempo de fazer o que mais gostava: estar face a face com o cliente.

Discuti com a Fernanda os motivos de minha insatisfação. Lembrei que havíamos combinado de montar uma consultoria no estilo butique, ou seja, ter poucos clientes, atendimento personalizado, uma característica que estava se perdendo. Não queria deixar de trabalhar no que sempre gostei, mas também desejava ser feliz – aliás, a nossa empresa sempre teve como missão a satisfação pessoal com realização profissional.

Em meio a esse contexto, teve início a grande crise na economia mundial, detonada com a falência do banco de investimento Lehman Brothers. Embora no Brasil seus efeitos não tenham sido tão profundos, algumas empresas adiaram projetos, paralisaram investimentos, passaram a renegociar valores, enfim, tomaram as atitudes típicas de cenários ameaçadores.

Apesar de tudo, nossa carteira de clientes não sofreu. Muitos podem dizer que foi sorte, como se fosse resultado de um bom acaso. Mas, para nós, sorte é a combinação entre estar preparado e o surgimento de uma oportunidade.

Tínhamos despesas fixas, pagávamos aluguel, pessoas e serviços, mas estávamos organizadas. Diante da possibilidade de uma crise no mercado, nos resguardamos financeiramente, por isso não fomos muito atingidas.

Inclusive, vale destacar um caso. Naquela época, participamos de um leilão eletrônico e apresentamos nossa proposta. O cliente nos solicitou um grande abatimento, dizendo que era o que outras empresas estavam fazendo. Nosso argumento foi: "Quando se compra a preço de banana, corre-se um grande risco de receber banana".

Não fechamos aquele contrato. Algum tempo depois, o mesmo cliente nos procurou em nome da diretoria, dizendo: "Queremos vocês de volta". A empresa é nossa cliente até hoje.

Foi nessa ocasião que fizemos um novo movimento no sentido de reduzir nossa estrutura. Da antiga equipe, mantivemos a Wanda (ver *Fazendo o "dever de casa"*, ainda neste capítulo), nosso braço direito, e adquirimos uma sede muito bem localizada no Alto de Pinheiros, um bairro elegante da capital paulista, e perto das nossas casas, o que nos garantiu mais qualidade de vida. Um espaço mais compacto, com projeto de decoração personalizado, alinhado com o nosso estilo e com o de nossos clientes.

Apesar da agenda bastante concorrida, sempre trabalhamos com a premissa de manter nossa missão: unir trabalho e felicidade.

Somamos mais de cinco mil clientes no nosso portfólio – de grandes empresas a pessoas físicas – e concluímos o plano de marketing construído para a marca em 2002. Esse plano tinha como objetivo tornar o *counselling* uma prática conhecida, "pegando carona" no nosso nome, que mais tarde seria a nossa marca *Angeramis – Desenvolvimento Profissional*, mais compatível com a diversidade dos serviços oferecidos e dos valores empresariais que preservamos apaixonadamente desde o início desse empreendimento.

••• Fazendo o "dever de casa" •••

Wanda iniciou sua carreira em nossa consultoria em 2002. Tinha 17 anos, cursava o último ano do ensino médio e foi recrutada para trabalhar como secretária-assistente por intermédio do Centro de Integração Empresa-Escola – CIEE.

Sua história começa quando foi uma das finalistas no nosso recrutamento. Não era a nossa primeira opção e a outra candidata começou a trabalhar conosco.

Um mês depois, porém, Wanda nos telefonou e perguntou se havíamos gostado dela. Dissemos que sim e quisemos saber por que ela estava fazendo essa pergunta. E ela foi direta: "Porque gostei muito de vocês e queria trabalhar aí".

Por coincidência, alguns dias antes, detectamos que a pessoa contratada não estava se adaptando ao nosso ritmo e que não continuaria conosco.

Não pensamos duas vezes e perguntamos à Wandinha – que é como passamos a chamá-la, apesar de seu 1,75 m de altura – se ela poderia começar naquele dia. Ela concordou na hora e o interessante é que seu sonho de carreira na época era ser bombeira. Nunca esqueceremos aquele momento!

Ela tinha bom preparo no pacote Office, mas nenhuma experiência em lidar com clientes e começamos a treiná-la também para atendimento, agendamento etc.

Há um detalhe importante a ser mencionado: sua contratação ocorreu em 2002, na fase da primeira expansão, e utilizávamos um armário como divisória de duas salas. Assim, o setor administrativo ficava – como dizíamos brincando – "atrás do armário". Foi ali que Wandinha começou a trabalhar, logo revelando seu potencial.

Mostrou interesse e dedicação não apenas às suas funções, mas também à empresa. Muito comprometida com o que fazia, estava sempre procurando aprender mais. Nosso consultor financeiro, Alexandre, percebeu essa característica e foi um verdadeiro mentor para ela.

Como não poderia deixar de ser, também fizemos nosso "dever de casa". Desenhamos um projeto de carreira para a Wanda – incluindo uma graduação na área administrativa com especialização em finanças. Como incentivo, nossa empresa subsidiou parte dos seus estudos.

Mais tarde, quando ela assumiu a posição anteriormente ocupada por Alexandre, que estava partindo para novos desafios, nós o contratamos como consultor para dar suporte e assessoria à Wanda, visando seu aprimoramento profissional.

No âmbito pessoal, a convidamos para fazer sua primeira viagem aérea (Wanda tinha medo de viajar de avião) e fomos com ela até o Rio de Janeiro. Também estamos sempre a incentivando a assistir shows internacionais, como o *Cirque du Soleil*, a participar de eventos culturais etc.

Em poucos anos, aquela garota que chegou aqui dizendo que desejava ser bombeira, aprimorou-se em outra área e hoje é responsável pelo setor administrativo-financeiro da *Angeramis*. Imagine como tem sido bom acompanhar de perto cada meta atingida por ela em seu projeto de carreira.

Recentemente, incentivamos e demos suporte para ela realizar a primeira viagem ao exterior. Foi emocionante! Quando voltou, perguntamos se ela estava feliz com a vida, o trabalho, as realizações.

"Claro!", respondeu, completando: "Comecei atrás de um armário e agora tenho um armário atrás de mim. Só poderia estar feliz!", disse, usando como símbolo o cenário de seus primeiros dias na *Angeramis*.

••• Realização pessoal •••

Mas ninguém pense que nossos primeiros onze anos de empresa, agora comemorados, foram um mar de rosas o tempo todo. Tivemos nossos conflitos, momentos difíceis de decisão. Por exemplo, quando o marido da Stella foi convidado para ocupar um alto cargo em uma empresa no exterior e pediu que ela o acompanhasse – teria sido um baque para nossa empresa –, o que não se concretizou. Mais uma vez, recebemos uma proposta de venda da consultoria e ficamos divididas, porque era muito boa, mas resistimos. As discussões internas também foram muitas, envolvendo desde os rumos financeiros até conceituais da empresa. Todas as vezes em que isso ocorreu, porém, solucionamos os conflitos partindo de nossa base de respeito mútuo e confiança.

Em nenhum momento, negligenciamos nosso crescimento profissional, que tem como princípio "sair do nosso próprio negócio" e ouvir os outros. Frequentamos diversos congressos, e não apenas os de Recursos Humanos – queremos saber o que profissionais de outras áreas, como TI, por exemplo, estão pensando e realizando. Sabemos que é preciso "sair da caixinha" do próprio negócio e perceber tendências e inovações. Estamos sempre lendo, como se diz, até "rodapé de jornal velho", além de revistas e livros de diferentes áreas. Quando necessário, consultamos clientes que operam no sistema financeiro para nos atualizar com movimentos do mercado, fazemos cursos, mantemos nossos contatos internacionais etc. Tudo isso porque sabemos que gente que não se informa, que só fica olhando para a própria empresa, corre o risco de estagnar.

Acima de tudo, mantemos em dia nossa busca de satisfação pessoal. Uma das maiores conquistas de sermos empresárias é podermos manter uma área livre de trabalho, não de horário, mas de inteligência. A possibilidade que você tem de usar todo seu potencial de inteligência na sua empresa não tem limites. Podemos manifestar a nossa identidade, e isso é extremamente realizador. É preciso dedicação, muita dedicação, mas sabemos fazer isso de forma saudável. Lógico, a empresa é como um filho, estamos sempre pensando nela – ninguém deixa de pensar no filho porque está descansando no fim de semana. Porém, conseguimos reservar tempo consistente para nossas vidas particulares, famílias, emoções e sentimentos.

A história é sempre a mesma: ônus e bônus. Ou seja, há o lado do esforço e o lado da recompensa. Não tem como receber um sem passar pelo outro.

A sinuosidade da carreira feminina

Dedicamos este capítulo ao tema central deste livro, compactando reflexões – e não conclusões – trazidas por nossa experiência de onze anos desenvolvendo carreiras femininas e masculinas, assim como por nossas vivências.

Observamos, por exemplo, que a carreira feminina enfrenta sinuosidades, enquanto a masculina segue uma linha reta. Ou seja, a maioria dos homens traça uma meta e segue naquela direção, o que não significa que não enfrentem desafios no percurso. Porém, estes não são em forma de curvas que exijam diminuição de velocidade e nem mesmo interrupções para dar carona a alguma mudança de vida, como ocorre com a maioria das mulheres.

No caso do homem, a partir do momento em que estabelece o objetivo de ganhar dinheiro, ascender profissionalmente e conquistar *status*, ele "liga o carro e segue em frente", pois está certo de que isso garantirá sua felicidade e a de sua família.

No caso da mulher, pelo menos até hoje, e em nosso país, traça uma meta, mas adia avanços, se necessário. Isso quando não muda de direção porque vai ter um filho; ou abre mão de uma boa oportunidade que afetará muito a vida familiar – por exemplo, as crianças precisariam mudar de escola ou o marido pedir transferência.

Por que isso acontece? Porque, além das condições próprias de sua natureza biológica, como a procriação e o ciclo menstrual, os estereótipos socioculturais ainda estão presentes.

Uma pesquisa recente em um meio de grande influência como o cinema é reveladora nesse sentido. Elaborado por especialistas da Universidade do Sul da Califórnia, em 2008, o estudo mostrou que as personagens femininas tendem a aparecer nos filmes de Hollywood com pouca roupa, enquanto os homens tendem a receber papéis com mais diálogo. Ou seja, elas estão ali para serem mais vistas, eles, escutados.

A base desse estudo não é nada desprezível – 4.370 trechos de 100 filmes lançados em 2008, como os recordistas de bilheteria também entre os jovens, *Batman, o cavaleiro das trevas*, *O Homem de Ferro* e *Crepúsculo*. Destes, 67% dos papéis com fala pertenciam a atores masculinos e menos da metade, 33%, às atrizes.[6]

Por outro lado, temos visto um pequeno movimento no sentido contrário. É o caso do filme inglês *Revolução em Dagenham* (2010), do diretor Nigel Cole, que mostra com leveza e graça o movimento de paralisação de 187 costureiras em uma unidade da fábrica da Ford no Reino Unido. O movimento reivindicava melhores condições de trabalhado e igualdade salarial com os trabalhadores homens. A iniciativa acabou se espalhando por outras cidades inglesas e culminou com a aprovação, em 1970, do *Equal Pay Act*, que proibiu a discriminação nas condições e nos salários entre homens e mulheres. Recomendamos que assistam a este filme.

••• Mãe da carreira e dos filhos •••

Outro estudo, este brasileiro, realizado por três destacados autores,[7] comenta que o período de ascensão na carreira feminina está entre os 27 e os 34 anos, coincidindo com o período mais apropriado biologicamente para a maternidade. Como o relógio biológico é muito mais severo com as mulheres do que com os homens, a mulher que ainda não teve filhos e tem entre 35 e 40 anos, época de queda da fertilidade e aumento dos riscos na gravidez, fica entre a cruz e a espada. O resultado é que o percentual de mulheres executivas sem filhos que estão no topo da carreira é bem maior do que o dos homens: 45% de executivas contra 19,3% de homens nos mesmos cargos.

Isso significa que mulheres casadas com filhos pequenos acabam investindo mais na família e menos na carreira. Ou seja, enquanto para o homem o trabalho e a família são complementares, para a mulher, as duas áreas entram em conflito.

---

[6] Pesquisa realizada pelos estudiosos Stacy L. Smith, Cynthia Kennard e Amy D. Granados, da Escola Annenberg de Comunicação e Jornalismo, da Universidade do Sul da Califórnia. Publicada no blog da revista *Veja*, Editora Abril, em 18 de maio de 2011. "No cinema, homens falam e mulheres exibem suas curvas", por Renata Honorato. Disponível em: <http://veja.abril.com.br/blog/diz-estudo/>.

[7] Betania Tanure, da Fundação Dom Cabral, Antonio Carvalho Neto e Juliana Andrade, da Pontifícia Universidade Católica de Minas Gerais – PUC Minas. Fonte: "Amélias modernas", entrevista concedida à editora-executiva Adriana Salles Gomes, publicada na seção Update – O Paradigma Feminino, revista *HSM Management*, n. 50, novembro de 2007.

No contexto familiar, a mulher executiva é a grande e praticamente a única responsável pela gestão da casa, das tarefas e dos cuidados aos filhos. Tal realidade apontada no estudo é reforçada pela nossa experiência, como destacamos nos capítulos *A corrida* e *A hora da verdade* (p. 55 e 69, respectivamente) deste livro.

As inúmeras pressões que a mulher enfrenta hoje também afetam sua saúde, pois ela está mais sujeita aos sintomas de estresse causados pelo fator tempo – aquele que dá a impressão de que o seu dia tem 32 horas.

Um levantamento realizado no Rio de Janeiro usando dados coletados durante 20 anos, com 50 mil profissionais, sendo 10 mil do sexo feminino, revelou que um, a cada três infartos, ocorre em mulheres. As principais causas são a dupla ou tripla jornada de trabalho, devido à administração da casa e dos filhos, às viagens profissionais e aos cuidados com a silhueta, que muitas vezes levam ao uso excessivo de medicamentos prejudiciais à saúde. Os números mostram ainda que enquanto a saúde dos executivos apresenta melhoras, a das executivas está se deteriorando.[8]

Uma segunda pesquisa,[9] realizada entre 2004 e 2009, revelou que o índice de estresse atingia 53% das mulheres contra 30% dos homens. Por outro lado, não faltam elogios à liderança feminina nas empresas. Diferentes pesquisas demonstram que as mulheres que chegaram ao topo são melhores executivas do que homens na mesma posição. Outra característica mencionada é o fato de as mulheres serem mais focadas em relacionamentos, além de outras qualidades, como a gentileza e o espírito de cooperação.[10] A intuição também está entre os pontos altos das mulheres, mais acostumadas a usá-la, obtendo enorme vantagem, nos processos de decisão, que sempre têm início intuitivo.[11]

Apesar desses reconhecidos valores, no Brasil, por exemplo, apenas 5% das mulheres ocupam a presidência das empresas; 19% estão na vice-presidência e diretorias; e 25%, na gerência.[12]

Em relação aos salários, os números também são inferiores aos dos homens. É sabido que as mulheres, em geral, recebem 70,7% do que ganha um homem; sendo

---

[8] Pesquisa da empresa Med-Rio Check-Up, citada em matéria do jornal *Valor Econômico*, de 12 de janeiro de 2011, no editorial Eu & Carreira, por Paola de Moura.
[9] Idem, ibidem, SulAmérica Saúde.
[10] Artigo *Ashleigh Shelby Rosette*: the feminization of management, publicado em *Faith and Leadership*. Disponível em: <http://www.faithandleadership.com>. Rosette é professora-assistente da Universidade de Duke, Estados Unidos e realizou a pesquisa sobre o tema.
[11] Segundo Luiz Carlos Cabrera, professor da Fundação Getulio Vargas, em entrevista à revista *Valor – Liderança*, edição Executivas, dezembro de 2010, ano 1, n. 1, por Stela Campos.
[12] Idem, ibidem, citando estudo.

que, para as mais escolarizadas (12 anos ou mais de estudos), os rendimentos representam 58% do recebido pelos homens com esse mesmo nível de instrução.[13] Com uma segunda desvantagem: a de precisarem trabalhar duas vezes mais para obter metade do reconhecimento que os homens alcançam.

Alguns países avançaram nessa e em outras perspectivas sociais, conforme o Índice de Diferença de Gêneros do Fórum Econômico Mundial de 2010. Os dez melhores índices estão, por ordem decrescente, com Islândia, Noruega, Finlândia, Suécia, Nova Zelândia, Irlanda, Dinamarca, Lesoto, Filipinas e Suíça – o Brasil ocupa o 85º lugar.

A Islândia é considerada o melhor país para a mulher viver, com probabilidade de chegar a altos cargos, igualdade de salários e licença-maternidade. Lá, por exemplo, a mãe e o pai têm direito a nove meses para cuidar do bebê – três meses para cada um e mais três para o casal escolher entre os dois.[14]

As discrepâncias relativas ao trabalho feminino em todo o mundo são tantas que a Organização das Nações Unidas, por meio do Fundo de Desenvolvimento das Nações Unidas para a Mulher (Unifem) e o Pacto Global das Nações (UNGC), está conduzindo *Os Princípios de Empoderamento das Mulheres* e convidando as corporações a neles se inspirarem e intensificarem os esforços para que as mulheres sejam integradas em todos os níveis hierárquicos nas empresas, sob o lema "Igualdade significa negócios" (ver *Anexo 3 – A ONU e os "Princípios de empoderamento das mulheres"*, p. 133).

••• Carreira ou trabalho? •••

Independentemente de o conceito de carreira ter sofrido mudanças devido às grandes transformações ocorridas no mundo globalizado, ainda testemunhamos muitas heranças conceituais do passado, mesmo recente, quanto à diferença entre a trajetória profissional masculina e feminina, incluindo a de mulheres que conquistaram postos de destaque e liderança.

Por exemplo, nós viemos de uma família de mulheres fortes que, na verdade, fizeram carreira, mas nunca os outros se referiam a elas dessa forma ao falarem sobre suas trajetórias bem-sucedidas.

---

[13] De acordo com a Síntese de Indicadores Sociais – SIS 2010, do Instituto Brasileiro de Geografia e Estatística – IBGE.
[14] Fontes: "O Brasil e o Global Gender Gap Index do Fórum Econômico Mundial", disponível em: <http://www.observatoriodegenero.gov.br> e "O melhor país para as mulheres", por Bridget Freer, revista *Marie Claire*, Editora Globo, março de 2011.

O período a que nos referimos são os anos 1930/40, quando o número de mulheres que chegava a uma faculdade era ínfimo. Na nossa família, temos quatro bons exemplos: avó farmacêutica, sete filhos; tia farmacêutica, responsável pelo Sindicato dos Trabalhadores em São Bernardo do Campo (SP), uma filha; duas tias sem filhos, uma formada em contabilidade e a outra, professora universitária na disciplina de Geografia. A referência sobre elas foi, no máximo, de mulheres maravilhosas, as mães, boas mães. Já as referências masculinas são de homens que tiveram carreiras nos campos da engenharia e da educação, reconhecidas pelo Instituto Franco-Brasileiro (atual Liceu Pasteur).

São pequenas diferenças como essas que acabam por reforçar o conceito de trabalho feminino como apêndice, algo secundário e de menor valor. Sabemos que ainda hoje as diferenças estão muito presentes, nem sempre nas palavras, mas nas atitudes.

Em nossa família, e provavelmente na sua também, há muitos exemplos como os de nossas avós e tias. Mulheres de carreira, empreendedoras, casadas ou descasadas, com ou sem filhos, que sustentaram famílias – incríveis representantes de suas gerações –, mas não são conceituadas como mulheres de carreira. Quando lembradas, dizem que foram ativas, carinhosas, ótimas donas de casa...

Sabemos que devemos muito a essas referências familiares femininas, que nos mostraram o valor de estudar, ter metas profissionais e autonomia financeira para fazer valer nosso espaço na sociedade e ter felicidade na vida pessoal. Aproveitamos, então, este momento, para também agradecer a elas e parabenizá-las pela brilhante carreira que tiveram!

Histórias de carreira

Atenção: por questão ética e respeito à privacidade dos personagens reais, seus nomes foram substituídos por pseudônimos criados em ordem alfabética.

Pelo mesmo motivo, também foram omitidos os nomes das empresas nas quais tais profissionais atuam. Portanto, qualquer semelhança entre nomes, idades, formação e área de atuação terá sido mera e compreensível coincidência, dado o pequeno percentual de mulheres no Brasil em situações similares.

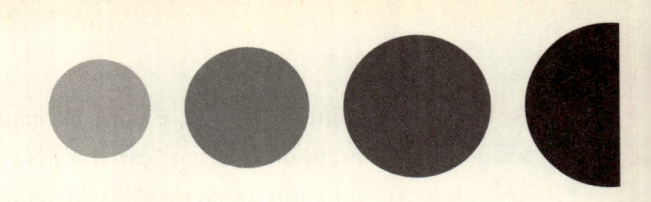

••• 17 a 21 anos – a escolha •••

Geralmente, as clientes dessa faixa etária chegam até nós indicadas pelos pais, e também por nossos clientes ou ex-clientes.

Hoje, os pais demonstram grande preocupação com o futuro profissional dos filhos e ficam inquietos quando não revelam interesse por uma carreira.

Ocorre que o conceito de carreira do século XX, quando nos formamos, contemplava uma colocação, promoção, bônus etc. e não tem nada a ver com o que os jovens desejam atualmente. Ele buscam um novo conceito, o mesmo que defendemos, ou seja, uma corrida para alcançar um objetivo, dentro de um determinado prazo, para obter resultados financeiros e felicidade.

Nas décadas passadas, "fazer carreira" significava ascender, participar de uma verdadeira "correria" ao *status* e ao poder. Para essa geração, é uma correria em direção ao bem-estar, à autorrealização, e também ganhar dinheiro. Poucos dos jovens do século XXI, aliás, usam o termo "carreira". Na verdade, eles buscam, antes de mais nada, um caminho, um modo de vida, diferente ou não daquele dos seus pais.

Para esses clientes, costumamos fazer um plano direcionado aos primeiros dez anos de escolha profissional, incluindo o tempo de universidade, e que funciona como um verdadeiro aprendizado de inclusão no trabalho e futura carreira. Aplicamos o instrumento MBTI® (ver *Quem é você?*, p. 132, no *Anexo 2*), estudamos seu perfil, suas habilidades, ouvimos suas aspirações e, juntos, apontamos opções alinhadas com sua essência.

Quando os jovens iniciam um projeto conosco, chegam com a expectativa de que teremos uma resposta pronta ou insistiremos nas indicações profissionais feitas pelos pais. Logo após a primeira reunião, porém, descobrem que estamos aqui para ajudá-los a descobrir do que realmente gostam, o que podem explorar melhor, e ficam bem mais tranquilos. Sentem que alguém compactua com eles, ajuda-os a ter certeza do que querem e de que podem, sim, pensar do seu próprio jeito, criar seu próprio modelo de carreira.

Na nossa geração, que é a mesma dos pais desses jovens, quando se fazia uma escolha de carreira, era para o "resto da vida". Se alguém resolvia ser advogado, ponto final: só estudava esse assunto, só se aperfeiçoava nessa área.

Hoje, o jovem quer saber apenas o que fará nos próximos cinco anos. Não existe mais o "para o resto da vida".

Por exemplo, nesse momento, ele pode querer ser dentista, mas isso não quer dizer que vá se estabelecer definitivamente nessa área. Ele se permite flexibilizar as próprias regras e mais tarde dizer a si mesmo: "Não vou mais trabalhar com isso. Foi bom, mas quero outro ramo desta área". Porque, em essência, o que fica claro no seu perfil é a existência de uma afinidade com a área da saúde. Ele não vai, por exemplo, deixar a Odontologia e trabalhar com Finanças – não porque seja impossível, mas por não estar alinhado com seu modo de ser. Pode, portanto, trabalhar com pesquisa em saúde, tornar-se um acadêmico da área, um palestrante, ou até mesmo um ministro da saúde – enfim, pode ficar no entorno do segmento.

Para os pais desses jovens, torna-se cada vez mais claro que as carreiras dos filhos não serão como as deles. No entanto, observamos que, quando se trata dos meninos, alguns pais ainda forçam um pouco para que eles tenham uma direção mais definida para a carreira – o que acaba favorecendo as meninas, pois permite maior flexibilidade em suas buscas profissionais.

Por outro lado, também observamos que os garotos demonstram, mais do que as garotas, interesse pelo lado financeiro, pelo que "vão ganhar" com seu trabalho. Eles nos perguntam de pronto o que precisam fazer para receber o salário que desejam, enquanto elas não priorizam a remuneração, o que vem a ser contraditório, uma vez que desejam conquistar sua autonomia – e autonomia depende, sem dúvida, de bons salários.

O posicionamento das garotas não é, porém, particularidade do Brasil. Como revela Sheryl Sandberg, que é COO (*Chief Operanting Officer*)[15] do Facebook, aclamada por suas palestras para jovens, um estudo nos últimos dois anos revelou que 57% dos garotos que deixam a universidade nos Estados Unidos estão negociando seu primeiro salário, e apenas 7% das garotas fazem o mesmo.[16]

Precisamos ter em mente que essa nova geração, como destaca a estudiosa Jeanne Meister,[17] é a que ocupará os cargos de liderança em 2020. Citando uma pesquisa da American Community Survey, Meister analisa os desafios que serão vividos pelas empresas no futuro, quando as jornadas flexíveis, considerando trabalho e vida pessoal, serão uma condição para reter talentos. Pela primeira vez também na história, cinco gerações estarão trabalhando lado a lado: os tradicionalistas ou veteranos (nascidos antes de 1946), os *baby-boomers* (nascidos entre 1946 e 1964), a geração *x* (nascidos entre 1965 e 1976), a geração *y* ou *millennials* (nascidos entre 1977 e 1997) e a geração 2020 (nascidos pós-1997).

Outra importante característica da geração *y* é que ela nasceu e cresceu na era da internet e das redes sociais. Tem acesso a muita informação e está acostumada a compartilhar acontecimentos, ideias e opiniões com amigos. Revelar à turma o que fez, o que viu, do que gostou ou do que não gostou é uma marca desses jovens – é como se tivessem um diário a céu aberto. Compartilhar, portanto, é um verbo conjugado muitas vezes por dia, o que torna essa geração muito diferente de todas as que a antecederam.

---

[15] O vice-presidente de operações (COO, em inglês) é membro da alta direção de uma empresa, responsável por operações diárias da companhia – como vendas, marketing, produção e recursos humanos e tem importante participação nas decisões de investimento. Assim como o vice-presidente financeiro, CFO (*Chief Financial Officer*) e o presidente-executivo, CEO (*Chief Executive Officer*), o COO é membro do time de gestores que representam a espinha dorsal de uma organização. Em algumas empresas, pode ser definido como vice-presidente sênior. Fonte: <http://www.investorglossary.com>.

[16] *Why we have too few women leaders*, palestra disponível em: <http://www.ted.com/talks/lang/por_br/sheryl_sandberg_why_we_have_too_few_women_leaders.html>.

[17] Meister é autora de *The 2020 Workplace* (Harper) e consultora em educação corporativa. Entrevista a Dan Schawbel, em 30 de junho de 2010. Disponível em: <http://www.personalbrandingblog.com>.

Vale destacar que grande parte dessa geração saiu da infância para a adolescência no ano 2000, ou seja, em plena era da incerteza. Foi nesse período que a globalização e a tecnologia passaram por uma mudança qualitativa, sendo a geração *y* a primeira a ficar conectada com o mundo em tempo real, como ressalta o estudioso Bruce Tulgan.[18] Essa geração sabe que, da noite para o dia, pode ser afetada da mesma forma por acontecimentos ocorridos do outro lado do planeta ou no apartamento vizinho. Curto prazo é muito importante para a geração *y*, e a resposta imediata é a única que tem significado para esses jovens, de acordo com Tulgan. Viver na incerteza é seu *habitat* natural.

Por isso, enquanto muitos representantes das gerações anteriores ficam sem fôlego só de pensar no cenário atual, eles estão à vontade. Afinal, destaca o estudioso, a geração *y* simplesmente não conheceu outro mundo a não ser este onde cresceu e que tem apenas algumas décadas de existência.

Lembramos ainda que aqueles que fazem parte dessa geração também tiveram maior acesso à educação e ao conforto, além da incrível disponibilidade de informações.

Esse conjunto de fatores faz da geração *y* "a mais capacitada força de trabalho na história da humanidade", segundo Tulgan. Ela possui altíssimo domínio da tecnologia; ampla visão do mundo; está sedimentando os caminhos de uma sociedade mais aberta e tolerante; adapta-se rapidamente às mudanças, entre outras importantes características para conviver com um mundo em constante transformação.

Temos inúmeras razões para gostar dessa geração. Particularmente, no caso feminino, acreditamos que ela representa o equilíbrio entre a era das primeiras mulheres que tiveram que lutar no mercado de trabalho pela condição de igualdade com os homens (anos 1960 a 1980) e as de hoje, que não precisam enfrentar esse desafio.

Essas garotas estão chegando ao mercado de uma forma mais equilibrada, sem disputa por gêneros. Estão acostumadas a compartilhar de igual para igual. E serão felizes porque também olham mais para dentro de si, para suas aspirações íntimas, e menos para o meio externo. Terão, sem dúvida, outros desafios, mas partem de uma base muito mais vantajosa do que as gerações femininas anteriores.

---

[18] Autor de *Not everyone gets a trophy*, livro sobre como administrar a geração *y* e de *Managing Generation Y: Global Citizens Born in the Late Seventies and Early Eighties* (coautora Carolyn A. Martin). Tulgan se tornou conhecido há mais de uma década com a publicação *Managing Generation X*. É considerado um dos maiores especialistas no estudo de gerações no mercado de trabalho. Para o autor, todos os nascidos entre 1978 e 1990, ou seja, que têm entre 20 e 34 anos hoje, fazem parte da geração *y*.

Outro aspecto positivo dessa geração feminina é a serenidade com que fazem suas escolhas e buscam ganhar dinheiro de uma forma saudável.

Interessante observar ainda que, ao contrário das mulheres de décadas anteriores, nenhuma de nossas clientes dessa faixa etária menciona a questão de um futuro casamento e filhos. Elas têm grande preocupação em trabalhar com algo que lhes traga realização. Ter um crescimento sustentável, nesse momento, é mais importante do que casar. Não demonstram divisão entre carreira e vida pessoal.

Quando falam dos rapazes de sua geração, geralmente é para se queixar de que "jogam muito *video game*", até mesmo os mais velhos!

••• Aline, 17 anos •••

Filha de família de classe média alta, o pai é executivo e a mãe dedica-se a trabalhos sociais. Aline gosta muito de ler, viajar e quando chegou aqui não tinha definido seu futuro profissional, citando o curso de Jornalismo como uma possibilidade. Levantamos seu perfil e constatamos que era uma garota muito ligada a sentimentos e valores, mais receptora do que iniciadora, mais teórica do que prática. Era bastante influenciada pela mãe e tinha grande necessidade de liberdade.

Nosso primeiro foco foi procurar saber quem era ela realmente e quais as suas aspirações, descartando as expectativas maternas. Fizemos, então, um descritivo, ou seja, uma lista sobre as atividades rotineiras de um jornalista, profissão em que ela disse ter interesse. Pedimos para assinalar na lista, com caneta verde, cada tópico de que gostasse dentro daquela atividade e, em vermelho, do que não gostasse.

Unindo o resultado do seu perfil às preferências indicadas nas reuniões, ficou claro que ela estaria mais alinhada com a área de Relações Internacionais (RI) do que com a de Jornalismo. Na época, RI era uma profissão relativamente nova no mercado; basta dizer que só existiam três faculdades em São Paulo com essa opção. Mas ela se interessou pela sugestão. Alertamos, porém, que, como essa carreira era muito nova no mercado, fazer só a faculdade não seria suficiente para ela. Era óbvio, por exemplo, que a fluência no idioma inglês seria fundamental.

Nesse momento, o autoconhecimento é imprescindível, pois une aspirações, sentimentos e valores às competências e às habilidades com potencial de maior desenvolvimento. Por exemplo, vimos que ela gostava muito de ler sobre economia e sugerimos que também fizesse cursos paralelos, relacionados ao setor, como Economia Internacional.

Aline era muito estudiosa e quando prestou vestibular, obteve as melhores pontuações em instituições que figuram entre as mais prestigiadas do país. Mas, considerando seu perfil, optamos por aquela com um estilo que pudesse atender também seu anseio de liberdade. No caso, uma universidade que oferecesse um ambiente mais informal, mais aberto e moderno. O resultado foi ótimo. Ela fez muitas amizades e seguiu com prazer seu projeto de carreira. No segundo ano da faculdade, passou a fazer cursos livres na Europa, inclusive na área de Economia Internacional, segmento que acabou por despertar muito seu interesse. Lembramos que em nossas primeiras reuniões, ela dizia que não se interessava ou que "não se via" trabalhando em uma corporação.

Em outra etapa do projeto, conversamos com Aline sobre o quanto é importante, dentro de uma carreira de RI, conhecer outras culturas, aproximar-se de outros povos, e, assim, traçamos algumas opções. Embora falasse francês e espanhol, ela se interessou por um país asiático e começou a aprender o respectivo idioma. Trancou a faculdade e hoje faz um curso semestral naquele país, ministrado em inglês. É um desafio tremendo, às vezes conversamos pelo Skype e ela diz que mora em um quarto muito pequeno, ainda tem dificuldade com o idioma e com outras diferenças culturais, desde a alimentação até os costumes sociais.

Assim, ela está construindo seu projeto de carreira personalizado e dando os próprios passos. Hoje, Aline está muito feliz e interessada em projetos sociais, tanto que começou a realizar uma pesquisa local sobre o tema. E diz que, quando terminar o curso, pensa em trabalhar na área de sustentabilidade, de projetos sociais de grandes empresas – e, ao que tudo indica, derrubando aquela antiga ideia de "não se ver" dentro de uma organização.

> Sem saltos de imaginação, ou sonhos, nós perdemos a excitação das possibilidades. Sonhar, afinal de contas, é uma forma de planejar.
>
> Gloria Steinem [19]

---

[19] Gloria Steinem (1934-) é escritora, jornalista e feminista norte-americana, fundadora da revista feminista *Ms. Frase*, citada no livro *Defending our dreams*: global feminist voices for a new generation, de Shamillah Wilson, Anasuya Sengupta, Kristy Evans. Zed Books/Association for Women's Rights in Development, 2005.

••• Bianca, 17 anos •••

Quem primeiro nos falou sobre ela foi seu pai, preocupado com o futuro da filha, então com 16 anos, cujo principal interesse na vida era casar-se e ter uma profissão que não atrapalhasse sua futura união. O sonho da garota nasceu de um "relacionamento virtual" com um rapaz, morador de outro estado, e a quem nunca havia encontrado pessoalmente.

Quando a conhecemos, ficamos encantadas com ela. Parecia ter uma aura ao seu redor. Disse-nos que queria ser arquiteta, pois gostava muito de decorar ambientes. Perguntamos o que ela achava que um arquiteto fazia e não soube explicar muito bem. Pensava que essa área se encaixaria perfeitamente no seu plano de casar e montar um escritório em casa.

Ao analisarmos seu perfil, vimos que apenas teoria e palavras não surtiriam muito efeito sobre ela. Passamos, então, a empregar o método da experimentação, ou seja, levá-la a vivenciar o trabalho na área que ela elegera como preferida.

Criamos um projeto, cuja primeira etapa sugeria que Bianca cursasse desenho arquitetônico. Argumentamos que essa formação seria útil tanto para prestar o vestibular de Arquitetura quanto para conhecer a prática da profissão e verificar se realmente ela se encantaria com esse tipo de trabalho.

Bianca não se saiu bem e chegou a ouvir do professor que seu desenho precisaria mais do que treino. Ela nos perguntou, desolada, o que, então, deveria fazer.

Nossa orientação foi unir o que ela gostava, ou seja, a beleza, a estética, com a área de Administração, que estaria mais alinhada com seu perfil. Sugerimos que, paralelamente à faculdade de Administração, fizesse cursos livres ligados à *design* e marketing. Durante um ano, ela foi se apropriando desses conhecimentos, e ajustando a Administração para sua preferência profissional.

Sabíamos que, além da satisfação pessoal, essa formação paralela lhe concederia um enorme diferencial na carreira administrativa. Bianca tinha ainda outras habilidades e vantagens competitivas: escrevia muito bem, dominava idiomas e estudara em uma instituição de primeira linha.

Sugerimos que poderia trabalhar em uma loja especializada em decoração, como administradora ou compradora. Outra opção seria montar sua própria loja, para a qual poderia até contratar um arquiteto.

Bianca parou de falar em casamento e no plano de trabalhar em casa para poder cuidar dos futuros filhos. Ficou apaixonada pelo seu trabalho e pelas possibilidades que se apresentaram a ela dali em diante.

Hoje, é uma respeitada profissional de uma revista de decoração de uma grande editora brasileira. Não soubemos se chegou a se casar ou não. Pensando bem, qualquer dia vamos ligar para ela...

> O autoconhecimento, aliado à pesquisa das áreas de interesse, faz a diferença para uma escolha acertada.
>
> Fernanda e Stella

••• Camila, 17 anos •••

Nascida em um bairro operário, filha de pais que lutaram muito para crescer na vida, Camila tem uma presença marcante. Ao conversarmos pela primeira vez, ela logo nos surpreendeu dizendo que gostava muito de mandar e desejava ser presidente da República para poder mudar o mundo, o que, em sua opinião, só poderia ser feito por mulheres. Por essa razão, não queria namorar, casar e muito menos ter filhos.

Antes de mais de nada, achamos importante saber o que ela entendia por "mandar" e dissemos quais eram as responsabilidades trazidas pelo "comando", ou seja, os ônus e os bônus envolvidos nessa posição. Ao mesmo tempo, percebemos que havia nela uma aspiração de ser bem-sucedida e de ganhar dinheiro. Conversamos sobre o fato de que uma mulher poderia comandar sem assumir uma postura masculina. Citamos como exemplo frases do executivo Fabio Barbosa,[20] entre as quais: "Eu quero mulheres no comando com decisões femininas, não com imitações masculinas".

Consideramos que para entender melhor o universo masculino como observadora, seria importante ela fazer uma faculdade como a de Engenharia, por exemplo. Sugerimos também que investisse paralelamente em cursos de idiomas como inglês e espanhol, assim como comunicação oral e teatro, que lhe dariam mais desenvoltura e segurança para assumir cargos de liderança no futuro. Ponderamos que, em vez de presidente da República, ela poderia começar sendo presidente de uma grande

---

[20] Fabio Barbosa é presidente-executivo da Abril S.A. e membro do Conselho de Administração da Fundação das Nações Unidas.

empresa. Reforçamos que, muitas vezes, ocupando posições como essa, ela teria mais chance de promover mudanças, criando projetos sociais, por exemplo.

Outra sugestão nossa foi a de frequentar academias, ler revistas femininas, namorar, ressaltando que lidar com seu lado amoroso a ajudaria a ser uma boa gestora. Para ela, era mais difícil namorar do que ser presidente, porque, como se pode constatar, dependendo do perfil da pessoa, é mais fácil lidar com o racional do que com o emocional.

No primeiro ano da faculdade, Camila não se saiu bem nos estudos. Veio nos procurar chorando, queixando-se de matemática, um desafio que não conseguia superar. Dissemos que deveria aproveitar aquela experiência e aprender uma importante lição para quem deseja exercer o comando: lidar com a frustração. É difícil mesmo, mas não é o fim. Pelo contrário, pode-se encontrar nisso uma oportunidade para descobrir outras possibilidades, até dentro da mesma faculdade. Por exemplo, fazer matérias optativas na área de Engenharia Elétrica ou Mecânica, Tecnologia, Eletrônica etc.

Analisamos a grade curricular e ela optou pelo curso de Elétrica, no qual se deu muito bem. Participou da empresa júnior da universidade, do time de basquete de estudantes, viajou para o exterior várias vezes e hoje é *trainee* em uma grande empresa.

> A mulher precisa aprender a lidar bem com sua ambição, o que significa ter o desejo veemente de alcançar aquilo que valoriza: os bens materiais ou o amor próprio (poder, glória, riqueza, posição social etc.).
>
> Fernanda e Stella

••• Daniela, 19 anos •••

Quem trouxe Daniela para nossa consultoria foi sua mãe. A jovem estava infeliz, cursando o segundo ano de Administração de Empresas, opção que seguira por influência materna, e "queria largar tudo".

Iniciamos nosso projeto com Daniela, como sempre fazemos, com o autoconhecimento. Descobrimos que ela tinha um perfil criativo e a área de moda estaria bastante alinhada com sua essência.

Mas, como sempre dizemos, não basta a descoberta, a pessoa precisa assumir a mudança sem perder o que já havia conquistado. Afinal, muito tempo e dinheiro já haviam sido investidos nas horas de estudo, nas mensalidades e nos livros. Precisávamos montar uma estrutura para que essa passagem ocorresse sem perdas.

Na primeira etapa, solicitamos a ela que iniciasse uma pesquisa sobre o negócio de moda – como era esse mercado no Brasil, quais as perspectivas de crescimento de oferta de trabalho e os salários. Isso criaria os argumentos para defender a mudança junto à família da jovem, pois a mãe precisava ser convencida de que a troca valeria a pena. Sabemos que uma faculdade particular de primeira linha é cara, não é fácil para uma família arcar com esse custo. Muitos pais chegam a vender o carro, a hipotecar a casa para financiar a universidade dos filhos.

Portanto, era fundamental Daniela completar o segundo ano de Administração. Mostramos a ela o quanto os dois anos em uma faculdade de primeira linha iriam agregar vantagens ao seu projeto de mudança de área – por exemplo, dariam base para ela administrar uma empresa ou uma loja, unindo os conhecimentos adquiridos no curso atual ao negócio da moda. Ou seja, os dois anos valeriam praticamente como uma pós-graduação e representariam seu diferencial no mercado – os profissionais de moda não teriam a base que ela adquiriria sobre processos, planejamento, estratégia. Essa colocação mudou a forma como Daniela via o curso de Administração naquele momento e a animou para concluir o segundo ano. Foi exatamente o que aconteceu.

Criamos um plano para que ela passasse para a área de moda. Ela prestou novo vestibular e iniciou o curso. Logo descobriu que não gostava do ambiente *fashion* nem de desfiles e estava definitivamente encantada com o segmento de tendências, o que definia seu foco dali em diante.

Sugerimos que começasse a trabalhar, para se aproximar do negócio da moda e para conquistar seu próprio dinheiro – ela sempre se queixava de depender da mãe –, pois isso lhe daria mais autonomia e poderia até fazer um caixa para financiar sua pós-graduação na área.

Daniela enviou seu currículo para algumas empresas e logo foi contratada para uma vaga de vendas em uma famosa grife de luxo. Teve grande sucesso, atingiu altas metas, pois, como prevíamos, uniu seus conhecimentos de moda ao que havia aprendido em administração.

Assim que terminou a faculdade, apesar do sucesso alcançado em vendas, solicitou à empresa sua transferência para a área de pesquisa de tendências. Mas não obteve retorno, pois não quiseram tirá-la do setor onde trazia tão bons resultados.

Aconselhamos que buscasse outra colocação no mercado e foi o que fez. Pouco tempo depois, foi contratada como gerente de outra butique de luxo, com a promessa de que, quando abrissem novo escritório, ela seria transferida para o setor de tendências. Algum tempo depois, ao perceber que isso não ocorreria, ela nos procurou novamente. Gostava das pessoas, sabia ser muito querida na loja, ganhava muito bem, mas queria trabalhar com tendências. O que deveria fazer?

Como gestoras de carreiras, sabemos que não temos todas as respostas. Por outro lado, exatamente por desenvolvermos carreiras, temos excelentes contatos nas mais diversas áreas. Ligamos para uma executiva do setor de tendência de moda e procuramos saber o que uma jovem com aquele perfil deveria fazer para trabalhar com tendências de mercado.

Ela indicou um curso de especialização em moda e tendências em uma faculdade em Nova York, e que também procurasse um estágio nos Estados Unidos para voltar ao Brasil com um novo estilo de currículo. Estamos nessa etapa. Daniela está em Nova York fazendo o que gosta.

> A história de Daniela é um exemplo do quanto é importante a escolha feminina pela área ou pelo segmento com o qual vai trabalhar — seja moda, finanças ou pessoas. Pois ela sabe que para ter uma carreira, em algum momento, terá de abrir mão de uma posição, um curso, uma viagem... e até possivelmente da maternidade — o que a faz dar mais atenção a essas escolhas. Não vemos essa mesma preocupação nos homens, o que no futuro gera infelicidade para eles!
>
> Fernanda e Stella

••• Érica, 17 anos •••

Érica é filha de um representante comercial bem-sucedido e pertence a uma família bastante estruturada. Apesar de sua suavidade, não esconde que tem um temperamento forte e decidido. Nascida em uma cidade do Centro-Oeste brasileiro, veio para São Paulo para estudar e mora com uma parente.

Quando nos procurou, fazia cursinho preparatório e estava em dúvida se cursaria Administração ou Engenharia de Produção. Declarou gostar, teoricamente, das duas áreas, mas não sabia o que esperar da prática.

Iniciamos seu projeto construindo o que denominamos de "primeiro mundo do trabalho" – um processo que traça cenários nos quais o jovem pode se ver atuando. Dentro desse "mundo", Érica nos disse que se via tralhando em um escritório. Pouco a pouco, descobrimos suas aspirações salariais, que tipo de autonomia desejava ter no emprego e em qual prazo ela esperava tornar esse mundo uma realidade – a curto ou a médio prazo.

A partir dessa construção, o passo seguinte foi perguntar qual área lhe oferecia mais elementos para a realização do seu sonho: a Engenharia de Produção, que lhe daria mais foco, ou a Administração, área mais ampla.

Érica sorriu, olhou para a grade curricular de cada curso e disse: "Eu consigo fazer Engenharia!". Realmente, ela foi aprovada em uma das melhores instituições do país.

De acordo com o projeto de carreira, ela deveria se dedicar somente aos estudos nos dois primeiros anos, que são bastante puxados. Consideramos que, vencida essa etapa, seria bom uma "parada" para curtir a juventude e, ao mesmo tempo, ter uma vivência no exterior, muito importante para o currículo nos dias de hoje. Vale destacar que, nessa faixa etária, recomendamos a participação da família no projeto, o que a ajudou a selecionar um país de língua inglesa, onde Érica ganharia fluência no idioma, como realmente aconteceu.

Ao retomar a faculdade no Brasil, de acordo com o projeto, seria o momento de Érica procurar um programa de *trainee*. Seu currículo foi enviado, via internet, para várias empresas da área industrial e a jovem foi selecionada para duas, uma do setor energético, a qual ela dava preferência, e outra do setor químico.

A primeira empresa a chamá-la e contratá-la foi a do setor químico. Duas semanas depois, a empresa de sua preferência telefonou perguntando quando ela poderia iniciar o programa de *trainee*.

Érica não soube o que responder e nos ligou em prantos. "O que faço agora?" Marcamos uma reunião e perguntamos, primeiramente, como estava no trabalho atual. Sua reposta foi que sua chefe era ótima, extremamente paciente e ensinava-lhe tudo. Nossa segunda pergunta foi sobre o que era mais importante naquele momento e ela respondeu que era ter uma boa gestora.

A jovem tinha razão, porque um bom gestor ajuda os membros de sua equipe a crescerem. Salientamos que o importante não é só arrumar o emprego e trabalhar. É preciso garantir um crescimento sustentável. Ponderamos, então, que ela já estava trabalhando há dez dias, relacionava-se bem com todos, tinha uma gestora maravilhosa e não sabia se encontraria as mesmas condições na outra empresa.

Aconselhamos, então, que telefonasse para a companhia que acabara de chamá-la e dissesse a verdade – porque é muito importante ser verdadeiro. Sempre dizemos que não se deve usar o termo transparente nesses casos, porque transparente é vidro, e nós não somos de vidro, somos pessoas. Acontece que os jovens dessa geração estão acostumados a compartilhar tudo com a turma e nem sempre conhecem os limites do que deve e o que não deve ser dito nas relações profissionais. Portanto, precisamos ajudá-los a polir o que vão dizer, baseados na verdade.

Sugerimos a Érica que também seria uma atitude generosa da parte dela indicar outra pessoa da universidade para o programa de *trainee* daquela companhia.

Ela concordou e foi embora tranquila, segura do que iria dizer ao recrutador:

"Como havia pontuado na nossa entrevista, estava em dois processos seletivos. Trabalhar na sua empresa continua sendo um sonho para mim. Só que agora já estou comprometida com outra companhia. Quero deixar as portas abertas com vocês porque, afinal, meu programa é de apenas um ano. Mas tenho uma excelente colega de minha universidade para indicar. Se você quiser, posso enviar o currículo dela".

Érica nos contou que o recrutador primeiro demonstrou surpresa, depois mostrou-se admirado com a atitude dela e agradeceu a indicação que faria.

Essa jovem cliente continua na mesma organização onde iniciou o *trainee*. Gosta muito de lá e está bem feliz.

> A história de Érica mostra a importância de o jovem dessa faixa etária olhar para sua carreira de forma sustentável. Não é pensar apenas no aqui e agora. É preciso ver adiante e construir um contexto para seus próximos movimentos profissionais.

Fernanda e Stella

••• Flávia, 18 anos •••

Flávia estava no primeiro ano da área de exatas em uma universidade pública de primeira linha, em uma cidade do interior paulista, quando resolveu mudar para a capital e entrar em outra faculdade na área de negócios. Ao completar o primeiro semestre do novo curso, veio nos procurar. Estava em dúvida se deveria continuar ou voltar para o interior e retomar o primeiro curso.

Quisemos saber a princípio se a razão de sua dúvida estava ligada a alguma dificuldade financeira para permanecer em São Paulo. Flávia disse que não, que só queria realmente ter certeza sobre qual dos cursos deveria seguir. Estudamos o seu perfil e vimos que seria um suporte para ela se focar tanto em Marketing quanto em Comércio Exterior e Logística, segmentos estes que também estavam alinhados com a sua essência. Como sempre nesses casos, iniciamos uma série de explorações de cada área para que ela avaliasse e tivesse argumentos para decidir melhor sua preferência acadêmica.

Com tantas opções disponíveis, o próximo passo foi colocar a conveniência pessoal e a financeira de um e de outro curso. Ponderamos que, se ela permanecesse na capital, continuaria gastando dinheiro para morar e pagar o curso. Além disso, estava longe da família e dos amigos, de quem gostava tanto. Já no interior, a faculdade era pública, ela poderia morar com os pais e usar o dinheiro para investir em cursos no exterior.

Flávia nos surpreendeu, demonstrando não estar disposta a se decidir. Nesse momento, começamos, então, a suspeitar de que haveria outra razão para seu impasse. Conversamos muito até que, finalmente, ela nos confidenciou que viera para a capital para ter uma liberdade que não conseguia com a família, pois seus pais a sufocavam demais. Estava adorando cuidar de si mesma, tomar suas decisões e até da preocupação de fazer compras e sua própria comida! Morando com a família, tudo estava ali, pronto para ela e, por sua experiência, achava que poderia ter mais autonomia. Estaria disposta a voltar para o interior desde que a sua liberdade fosse mantida.

Em situações desse tipo, costumamos chamar a família para conversar, assim, marcamos uma reunião. Relatamos aos pais que Flávia era empreendedora, independente, gostava muito deles, mas queria sentir-se capaz de cuidar da própria vida.

Explicamos que, de acordo com seu perfil, retornar para a faculdade no interior seria a melhor opção para sua futura carreira, mas que isso deveria ser acompanhado de crescimento pessoal – e morar sozinha, realizando atividades como cozinhar e ir às compras no supermercado, era parte importante desse aprendizado. Ela esperava ter a confiança dos pais quanto sua capacidade de dar seus próprios passos, cuidar de si mesma. Os pais relutaram um pouco e só concordaram quando sugerimos uma experiência de seis meses para esse projeto.

Aconselhamos que Flávia trancasse a faculdade na capital paulista antes de voltar para sua cidade natal. Por outro lado, fizemos uma programação de cursos complementares para que frequentasse paralelamente, inclusive alguns de férias no exterior. Seriam investimentos em áreas que agregam valor umas às outras e, ao mesmo tempo, a ajudariam a se definir por um setor mais alinhado com seus anseios pessoais e profissionais, como negociação, comportamento do consumidor, recursos humanos, finanças internacionais. Por exemplo, RH é uma área que agrega valor a qualquer trajetória profissional. Programamos, ainda, para que um ano mais tarde, cursasse uma Escola de Negócios. E estamos certas de que ela tem uma brilhante carreira pela frente.

> Qualquer escolha que eu faça na vida, se estiver sob uma base sólida e estruturada, será acolhida pelos meus.

Fernanda e Stella

••• 22 a 28 anos – o confronto •••

Nessa fase da vida, sem dúvida, o sonho é confrontado com a realidade. É quando a mulher descobre "seu tamanho real" no cenário profissional. Caso tenha acertado na escolha do curso de graduação, ela começa a ter contato, por meio da universidade, com os exemplos práticos do dia a dia, ou seja, conhecendo histórias realistas sobre empresas e a profissão. Também é nesse período que entra no mercado, seja como estagiária – o que ocorre geralmente a partir do segundo ano da universidade – ou recém-formada, e passa a conviver com o contexto organizacional, podendo compará-lo com suas expectativas iniciais.

Enfim, é a hora de "cair a ficha" – o momento de verificar se foi feita a escolha certa, se o trabalho é o que imaginava e o quão longe ou perto está do seu sonho. Enfim, ela faz uma espécie de *check-list* das verdades – caem as máscaras, as fantasias. Algumas se surpreendem no bom sentido, outras se decepcionam muito ao perceberem as "armadilhas", muito comuns nessa fase, descobrindo suas escolhas equivocadas. Então, a realidade pede uma definição.

Isso ocorre porque as escolhas profissionais geralmente foram pensadas para o curto prazo e motivadas, principalmente, por "atrações sociais", como bancar seus shows, cursos, cinema, compras, mostrar aos pais que são adultas, que podem andar com suas próprias pernas. Os namorados também acabam trazendo para a relação uma expectativa de igualdade, o que inclui dividir a conta com eles.

A carreira nesse momento também representa a liberdade, a independência, o posicionamento que ela terá na vida, a sua real identidade social. E, então, claramente, surgem as perguntas: será que aquilo que eu sonhei se concretizará? Será que a minha escolha produzirá o que espero? E se eu não for o que eu penso? Poderei "remendar" o que está feito e seguir em frente? Ou vou ter que jogar tudo fora, começar do zero?

Questionamentos como esses se tornam comuns. Por isso, nessa fase, as jovens procuram fazer cursos de extensão, ou passam a trabalhar em um setor profissional semelhante, vizinho à sua primeira escolha. Também podem buscar, como segunda chance, uma especialização em uma área mais abrangente, como Administração, por exemplo, ou mesmo um MBA executivo – hoje há profissionais de todos os setores cursando os *masters business*.

Na verdade, o engenheiro civil não precisa necessariamente trabalhar com construção para se realizar profissionalmente. Pode fazer gestão de negócios ou finanças e tornar-se presidente de empresa ou de banco.

Conhecemos uma neurologista que se dedica à pesquisa de novos produtos farmacêuticos. Ou seja, ela cursou medicina, não se identificou com o trabalho de consultório, e nem por isso abriu mão de todos os seus anos de estudo. Realizou o que é conhecido como **movimento lateral de carreira**. Como gostava da área, ela foi buscar outra forma de atuação naquele campo, algo mais ligado a sua essência como pessoa. No nosso trabalho sempre chamamos a atenção para tal possibilidade.

É esse conjunto de fatores que levam as jovens entre 22 e 28 anos a viver a "idade do confronto", ou seja, comparar o que escolheu – aquele sonho de menina, aquilo que achou que era sua vocação e que a faria feliz – com a realidade, o que pode significar que o sonho foi um engano.

As alternativas são, portanto, continuar na sua primeira escolha – investindo em cursos de especialização, idiomas etc. – ou então fazer um movimento lateral e usar sua base de estudos para atuar na mesma área em outra função e se aprimorar.

Por isso, quando somos procuradas por pessoas que se mostram insatisfeitas com a escolha feita, sempre gostamos de colocar essa questão do sonho: se ele existia, por que não transformá-lo em outra realidade e ser feliz? Sempre é possível fazer a tal "dobradinha" com uma carreira próxima.

Ou seja, esse é um momento de criar raízes no núcleo de escolha, tirar sementes para firmar. Se não gosto de exercer o Direito, mas sou ótima analista de contratos, posso ir para o mercado de trabalho na área de Finanças e pronto! Você continua exercendo sua escolha, o Direito, mas trabalha na área de negócios, como analista de contratos, de concorrências, de fusões e aquisições – estamos na era da governança corporativa, há muito trabalho a ser feito!

Sem dúvida, agora é preciso ter sensibilidade para perceber, para unir sua competência com o *core*, com o sonho. É preciso muito autoconhecimento! Saber o que é competência, o que é *core* ou essência de carreira. Consideramos que nada deve ser jogado fora, pois tudo pode ser aproveitado.

É nesse sentido que unimos o conceito de carreira com o de corridas. As pessoas costumam dizer que "tiveram várias carreiras", quando, na verdade, tiveram várias corridas – nem sempre ascendentes, mas constantes, sequentes e frequentes.

Nossa experiência demonstra, de várias formas, que é entre os 22 e 28 anos que a jovem descobre se sua escolha profissional foi mesmo acertada e se sabe "vender" sua escolha para o respectivo mercado – pois, quando a profissão está na sua essência, ela conseguirá "vender bem" sua competência.

É também nesta fase que ela "sente na pele" que terá de contar apenas consigo mesma dali em diante, que precisará se sustentar e de uma carreira para sobreviver, o que não vem naturalmente, são necessários determinação e planejamento.

••• Gabriela, 28 anos •••

Gabriela aparenta ser flexível e meiga. A análise do seu perfil, porém, revelou tratar-se de uma pessoa rígida, muito exigente consigo mesma, e que busca a perfeição o tempo todo.

Quando nos procurou, trabalhava há oito anos na área de operações de uma grande empresa, sendo a segunda responsável pelo setor. Este havia sido seu primeiro e único emprego até aquele momento. Reconhecia ter aprendido e crescido muito com sua gestora, uma executiva cujo perfil era muito semelhante ao seu.

O desejo de detectar em que estágio da carreira ela se encontrava fez com que recorresse a nossa consultoria. Para ela, o conceito de carreira estava ligado à ascendência, à promoção, e queria saber quais movimentos deveria fazer para assumir a gerência, seu maior objetivo naquele momento.

Mas então aconteceu algo totalmente inesperado. Em nossa segunda reunião, ela nos contou que a empresa havia sido vendida e a companhia a convidara para substituir a gestora que pedira demissão. Ou seja, Gabriela recebera a promoção tão sonhada – ou, pelo menos, que achava ser um sonho.

Ao assumir a nova posição, sofreu o que nós chamamos de confronto do sonho com a realidade. Ser gerente incluía gerir pessoas. Gabriela não imaginava como isso a deixaria insegura. Sua segurança profissional estava totalmente baseada em um trabalho individual, que dependia apenas dela.

Agora, precisava inspirar pessoas, aprender a delegar, confiar, estimular, lidar com o subjetivo – o que, para seu perfil, era muito difícil. A frase que mais repetia era: "Estou exausta!".

No seu projeto de carreira, sugerimos, como primeira medida, que ela imprimisse sua identidade, sua marca no trabalho, inclusive no ambiente em que atuava, pois isso a deixaria mais à vontade. Ela nos ligou contando que havia mudado a mesa de lugar, a cadeira, o *layout* para a equipe – enfim, deixou tudo como sempre vislumbrou e estava se sentindo melhor.

Mas, ao ter a primeira reunião com o presidente e os vice-presidentes, ficou muito decepcionada. Havia imaginado que ouviria coisas excepcionais, receberia novas informações, mas, afinal, eles só falaram sobre temas básicos e tomaram decisões de praxe. Também, segundo suas palavras, "achou que agira como boba", não soubera se colocar e dar sua contribuição.

Pela segunda vez, portanto, o sonho confrontava a realidade.

Ao analisarmos a situação com Gabriela, ficou claro que, na verdade, ela se viu apenas repetindo o comportamento da gestora anterior, ou seja, não estava sendo ela mesma.

Passamos então a trabalhar a questão de trazer sua identidade para a posição que passou a ocupar. Foi um projeto minucioso em que precisamos lidar com o intangível, desenvolver um terceiro olhar para ela amadurecer no cargo, aprender a tomar decisões e colocá-las em andamento.

Sabíamos que, se ela tivesse coragem de enfrentar esse desafio, sua margem de sucesso seria alta. Mas Gabriela passou por vários altos e baixos, a ponto de querer desistir de tudo. Dizia: "Talvez eu não tenha jeito para ser líder", "Na verdade, acho que não combino com essa empresa", ou, ainda, "Acho que não gosto desse segmento".

Percebemos que estava vivenciando um processo de autossabotagem e de julgamentos equivocados, como pensar que aquela realidade nunca havia sido, de fato, seu sonho, que ninguém a havia alertado de quão impossível seria segui-lo. Havia imaginado um mundo perfeito, com uma cadeira linda, o presidente falando 10 idiomas e frases maravilhosas...

O que ocorre muito nesses casos é a pessoa ou não perceber que a realidade sempre fora aquela e o sonho não existia; ou ela estar sabotando o próprio sonho, impedindo-o de tornar-se realidade.

A verdade é que Gabriela estava muito angustiada. Antes, sentia que o resultado do seu trabalho dependia apenas dela. Agora, como líder, os resultados dependiam de sua parceria com as pessoas, de sua capacidade de envolver e motivar a equipe. Para ela, isso era muito difícil.

Passamos a encorajá-la no sentido de quebrar seus paradigmas, a enfrentar as mudanças, desde colocar uma cadeira nova na sala até, como ela mesma decidiu, transformar seu guarda-roupa, pois estava em um novo cargo e necessitava de um novo modo de vestir-se e comportar-se.

Nosso projeto de desenvolvimento geralmente tem duração de dois a três meses, e ela contou com nosso suporte justamente no período da sua difícil transição. Sem dúvida, consideramos que isso foi bastante positivo, pois Gabriela acabou de nos contratar para a continuidade do trabalho com ela e para realizar um projeto com a sua equipe. Essas iniciativas sinalizam, sem dúvida, que ela está pronta para dar os próximos passos em uma promissora carreira como gestora.

É sábio reconhecer que, na crise, há uma oportunidade!

Fernanda e Stella

••• Heloísa, 27 anos •••

De aparência delicada, essa jovem executiva elegantíssima recebeu excelente educação desde o ensino fundamental até chegar a uma das universidades de maior prestígio no país. Muito nova, aos 20 anos, havia sido selecionada para trabalhar na área financeira de uma grande empresa, onde atua até hoje, recebendo um alto salário.

Recentemente, porém, havia recebido um *feedback* ruim do gestor e veio nos procurar para decidir se investiria no aprimoramento profissional naquela área, fazendo uma pós-graduação em finanças, ou se daria uma guinada na carreira, mudando de área. Heloísa também havia se dado um prazo de quatro meses, o que significava até o final daquele ano, para ter certeza do que fazer.

Ao estudarmos seu perfil, observamos que, na verdade, ela estava muito insatisfeita com sua vida, enfrentando aquele momento de confronto entre a realidade e o sonho.

Heloísa comentou que trabalhara desde a época da faculdade e ganhara bastante dinheiro, mas não tivera tempo de se divertir. Nunca havia, por exemplo, colocado uma mochila nas costas e saído para conhecer outros países, como suas colegas fizeram.

Além disso, o namorado, de quem gostava muito, há algum tempo vinha pressionando-a para se casarem. Esportista radical, ele vivia em um mundo oposto ao dela: viajava para competir nos mais diferentes países, e passava a maior parte do tempo em ambientes bem informais e ao ar livre.

Observamos que Heloísa não se dera conta do quanto estava se distanciando dos seus anseios até o momento em que recebeu uma baixa avaliação e seu gestor sugerira procurar um aperfeiçoamento na área de Finanças, o que significaria continuar naquele setor!

Consideramos o seu perfil de modo a conciliar seus conhecimentos acadêmicos e profissionais com o momento que estava vivendo. Vimos que a área de Marketing era muito alinhada com sua essência e fizemos um projeto com movimento de carreira nessa direção, atendendo, ao mesmo tempo, seu sonho de viajar e passar um tempo em outro país, em contato com outra cultura. Ela ficou muito entusiasmada e imediatamente começamos a planejar as etapas, que incluíram a saída da empresa e um curso de especialização em Marketing em uma reconhecida instituição nos Estados Unidos.

Toda nossa orientação foi no sentido de fazer com que Heloísa seguisse seu sonho, mas sem fechar as portas para a empresa onde trabalhava, pois talvez quisesse voltar um dia para atuar em outra área. Criamos um projeto de desligamento que ela seguiu à risca surpreendendo seus gestores, ao dizer: "Vim agradecer o C que recebi da avaliação. Graças a essa pontuação, descobri que preciso, realmente, mudar de carreira. Estou com viagem marcada para os Estados Unidos onde me inscrevi em um curso de Marketing. Se, daqui a dois anos, vocês quiserem me contratar para esta área, estarei pronta para voltar".

Heloísa foi para os Estados Unidos e destacou-se tanto no curso que, ao terminá-lo, acabou sendo convidada para trabalhar naquele país em uma empresa do segmento de alto luxo, no qual ela havia se especializado. Mas não aceitou. Optou por voltar ao Brasil, sendo logo convidada para trabalhar na empresa onde havia ficado tantos anos, tendo também recusado a oferta.

Ela estava realmente disposta a ser feliz. Casou-se com o namorado que amava e abriu uma empresa de consultoria de marketing. De vez em quando, nós nos falamos e, de acordo com o que soubemos, sua iniciativa profissional está obtendo excelentes resultados.

> Não desejo que as mulheres tenham poder sobre os homens, mas sobre si mesmas.
>
> Mary Wollstonecraft[21]

••• Isabella, 28 anos •••

Conhecemos essa cliente desde seus 24 anos e acompanhamos o desenvolvimento de sua carreira até hoje.

Ela chegou até nós por iniciativa própria. Queria crescer profissionalmente, receber um salário maior dentro da empresa, autoconhecer-se e entender como "se chega lá". Muito alegre, sempre gostou de baladas, de namorar bastante, tinha grande senso de humor e era uma companhia muito divertida.

Isabella trabalhava, então, em uma empresa internacional que possuía muitas características em comum com ela: bastante informal e flexível, dinâmica, não adotava salas fixas para os colaboradores, e sempre lançava desafios, procurando inovação.

No início do nosso projeto de desenvolvimento de carreira, percebemos que ela não se organizava pessoal e profissionalmente porque o contexto de sua empresa não permitia, ao contrário, só reforçava as características de seu comportamento. Até mesmo suas relações dentro e fora da instituição, entre ela e os colegas, eram

---

[21] A citação é do livro *A vindication of the rights of woman* – with strictures on political and moral subjects, 3. ed., 1796. Impresso por J. Johnson – Londres. Mary Wollstonecraft (1759-1797), escritora britânica, é reconhecida por seus textos sobre educação, política, história e filosofia. Destacou-se principalmente por suas teorias sobre a condição da mulher e a defesa dos seus direitos na sociedade do século XVIII.

desorganizadas. Isabella refletia completamente seu ambiente de trabalho até mesmo na sua vida amorosa, que era bastante instável.

Nossa proposta foi mostrar o quanto era importante ela passar por um processo de crescimento. Ponderamos, porém, que esse objetivo não seria alcançado se ela continuasse na mesma empresa, pois não contaria com um ambiente sistemático e planejado. Ao contrário, a companhia, embora excelente, só continuaria "alimentando" seu modo de ser, o que, inclusive, não a ajudava a destacar-se no mercado profissional. Afinal, ela só vivia entre seus iguais.

Como primeira etapa, Isabella não deveria deixar a empresa, mas, paralelamente, começar a participar de processos seletivos.

Ela enviou o currículo e chegou a várias finais, mas nada se concretizara até o dia em que recebeu uma oferta de uma companhia global, que tinha o perfil oposto ao daquela onde trabalhava: regras, ordem, horários e procedimentos a serem seguidos. Inicialmente, ela resistiu à ideia, dizendo que era uma organização sinônima de burocracia rígida e preferia abrir sua própria empresa a trabalhar em um ambiente assim.

Insistimos, porém, que se quisesse realmente crescer na vida profissional e receber melhores salários, ou mesmo, chegar ao topo – motivos que a levaram a buscar aconselhamento de carreira –, deveria seguir o projeto que desenhamos para ela, ou seja, permanecer por quatro anos em empresas em que pudesse aprender sobre processos e valorizá-los. De acordo com nossa análise, a partir dessa vivência, ela descobriria como usar esse aprendizado dentro de seu próprio estilo, adaptando-o a sua essência.

Mesmo sem gostar da ideia, ela prosseguiu no processo seletivo e foi contratada. Nos três primeiros meses, porém, ficou desesperada. Ligava para nós, reclamava, mas continuava "se aguentando", como ela mesma desabafava.

Verificando sua profunda insatisfação, nossa orientação foi no sentido de aguardar mais um pouco e depois solicitar ao gestor sua transferência para a área comercial, que estaria mais sintonizada com seu perfil. Foi o que fez e deu muito certo.

O ano e meio que passou ali foi muito rico e pudemos acompanhar sua transformação: aprendeu o valor de se organizar e descobriu que regras e procedimentos têm seu lado positivo, sendo possível crescer dentro deles.

Isabella passou, então, a planejar cada passo para atingir suas metas: o próximo seria comprar um apartamento, coisa que antes nunca havia pensado em fazer. Também começou a buscar um relacionamento amoroso estável, abandonando o comportamento do passado.

Como costumamos destacar, a realidade sempre causa algum desconforto em relação ao sonho, mas traz outras variáveis que, em um primeiro momento, a pessoa pode não querer enxergar. Ao enxergá-las, porém, o crescimento virá. Uma zona de conforto pode ser muito agradável, mas não propicia o crescimento.

Quando passou a trabalhar em um ambiente diferente do seu perfil, teve a oportunidade de amadurecer e crescer. Hoje, seu desejo foi alcançado, e está conseguindo atingir, um a um, os objetivos traçados.

Às vezes, precisamos tomar uma decisão por um caminho oposto ao que desejamos para poder crescer.

Fernanda e Stella

••• *29 a 35 anos – a corrida* •••

Nesta etapa da vida, a mulher já tem mais confiança em suas competências técnicas, mais conhecimento de suas habilidades pessoais e, em geral, sente maior segurança no ambiente de trabalho. É quando começa a entender que realmente precisa ocupar um espaço se quiser ter independência e autonomia financeira, construir um patrimônio, enfim, financiar os custos de suas aspirações pessoais. É a hora, portanto, de fincar sua bandeira, marcar seu território.

Por isso, observamos nesta fase uma verdadeira corrida da mulher aos cursos de MBA, pós-graduação e especialização. Além de ter uma postura diferente no trabalho, elas passam a se preocupar com a área acadêmica, na intenção de adquirir mais conhecimento; diferentemente do que observamos no homem, que só volta a estudar se efetivamente houver uma cobrança por parte da empresa ou do mercado.

A mulher, então, faz vários cursos paralelos ou de complementação ao currículo profissional ou, muitas vezes, opta também por algo que melhore sua *performance* pessoal e que lhe faça bem, como teatro ou ioga. A sensação que temos é de que o dia dela tem 32 horas, diferente das 24 horas do dia do homem.

Uma característica importante dessa fase feminina é enfrentar momentos de decisão que modificarão muito sua vida dali em diante. Por exemplo, ter um filho agora e fazer MBA depois? Ou o contrário? Observamos que a mulher se torna mais consciente das consequências que suas escolhas de agora terão para seu futuro. E, por essa razão, entra em uma verdadeira corrida. Corre para garantir um bom lugar no mercado profissional em uma posição igualitária ao homem; corre para ter um posto gerencial que lhe dê oportunidade de tomar grandes decisões e ficar à frente de grandes projetos; corre pelo salário e benefícios que o homem na mesma posição recebe – o carro, o plano de saúde executivo, as viagens internacionais, os bônus etc.

A mulher que está nesta faixa etária sabe que possui competências e instrumentos para concorrer em igualdade de condições com o homem. Então, acelera, engata uma primeira e vai em frente. Neste momento, ela se posiciona muito fortemente porque também está em seu ápice físico, o ápice da sua identidade como fêmea e profissional. Sabe que é a hora de dizer a que veio, é hora da sua validação.

Geralmente, a mulher nesta fase nos procura para tomar decisões estratégicas – é importante destacar que há uma predominância feminina desta faixa etária como nossas clientes. Nosso trabalho consiste, então, em ajudá-las a escolher, por exemplo, a melhor especialização para esse seu momento profissional. Outras orientações são: como abordar o gestor para obter uma nova posição; como se direcionar para garantir resultados mais positivos; como aperfeiçoar sua atitude. Seu objetivo, portanto, é fazer um alinhamento.

Ao longo dos nossos onze anos de consultoria, tivemos oportunidade de acompanhar mulheres em suas diferentes fases profissionais, inclusive quando resolvem dar uma virada. E observamos que, se tem por volta de 33 anos e ainda não se casou, começa a sentir a necessidade de manter um relacionamento estável, colocando seu foco na vida pessoal. Outras, já casadas – com ou sem filhos –, falam menos da vida pessoal e têm o foco muito voltado para a carreira.

Vale um recorte para uma comparação com o homem da mesma faixa etária, uma vez que o número de clientes masculinos que já atendemos nos fornece base para isso. Ao contrário do caso feminino, se o trabalho dele está ruim, nada o faz ficar bem. A mulher, em contrapartida, consegue administrar melhor suas frustrações. O trabalho vai mal? Ela geralmente não se entrega, procura um aconselhamento profissional. O lado amoroso está ruim? Ela, muitas vezes, sai para se divertir com as amigas.

Nas histórias das próximas páginas, relataremos as diferentes maneiras de as mulheres encararem seus desafios profissionais em um momento em que as decisões sobre a vida pessoal terão um grande peso em suas carreiras.

••• Juliana, 32 anos •••

Juliana é do tipo extrovertida e descolada. Seu pai ocupa um alto cargo executivo e morou com a família fora do país por alguns anos, concluindo seus estudos no exterior. É fluente em três idiomas e com vários cursos de especialização, o que a torna uma profissional bem preparada.

É o protótipo da mulher independente. Sua aparência frágil esconde uma incrível força para atuar profissionalmente, negociando de igual para igual com presidentes de corporações e representantes de grandes escritórios internacionais, o que inclui executivos bem mais experientes e mais velhos do que ela. Quando a família voltou para o Brasil, permaneceu mais um tempo na Europa para trabalhar em um órgão oficial internacional.

Mais tarde, voltou para São Paulo, onde consolidou sua carreira na área de fusões e aquisições de empresas, atuando em organizações de primeira linha e consultorias internacionais. Na época em que nos procurou, enfrentava duas situações delicadas ao mesmo tempo: acabara de romper um relacionamento e coordenava o processo de aquisição, por outro grupo, da instituição financeira em que trabalhara.

Naquele momento, vivia um profundo questionamento. Queria continuar crescendo profissionalmente, mas receava pagar um preço muito alto para sua vida pessoal. Viveu uma fase parecida entre os 28 e 32 anos, quando se dedicou profundamente a sua formação – que inclui também um currículo acadêmico brilhante, um MBA em Finanças e experiência em algumas das melhores empresas do mundo, além de altos salários e independência financeira.

Ultimamente, recebera convites de grandes corporações e seu receio era voltar a trabalhar muito, não ter tempo para cuidar de sua própria vida, construir um relacionamento e voltar à corrida profissional. Na verdade, ao mesmo tempo em que se sentia atraída a aceitar um desses convites, tinha medo, como dizia, de ser "sugada" pela carreira e enfrentar um desequilíbrio no lado pessoal.

Destacamos que esse é o tipo de dilema que não aparece na vida profissional masculina. Nossa experiência demonstra que um homem jamais pararia para pensar duas vezes e agarraria a nova oportunidade de trabalho, enquanto para as mulheres, essa divisão é comum.

Nós a encorajamos a seguir em frente e não ter esse receio, pois seria possível encontrar o equilíbrio vivendo esses dois lados. Afinal, o maior ponto do desenvolvimento profissional é justamente o equilíbrio. Mostramos que ela poderia ser responsável por colocar um limite e estabelecer como meta estar em casa por volta das 19h30 – afinal, o mundo trata você como você trata o mundo. Depois de tudo o que fizera por seu crescimento profissional, não deveria desistir, seria como nadar para morrer na praia.

Acreditamos que aceitará esse novo desafio. Está em sua veia. Precisará, sim, continuar buscando o autoconhecimento, ou seja, desenvolver a capacidade de se reconhecer na situação e entender a razão de estar agindo daquela forma – só assim evitará a armadilha da autossabotagem, do boicote e o desequilíbrio.

Sabíamos que Juliana havia nos procurado porque não queria desistir. Não precisava de aconselhamento profissional para fazer isso. Na verdade, queria saber **como continuar** sua trajetória profissional. Propiciamos a ela maior conhecimento sobre si mesma. Sem dúvida, saberá administrar carreira e vida pessoal em outro patamar.

> Autoconhecimento é a capacidade de se reconhecer nas situações e gerenciar seus pontos fortes e armadilhas para obter melhores resultados.
>
> Fernanda e Stella

••• Kátia, 34 anos •••

Quando nos procurou, Kátia trouxe um currículo de primeira linha. Havia trabalhado no ramo de consumo em grandes empresas e na área de marketing de gigantes multinacionais. Mulher de personalidade marcante, revelou seu estilo assim que começou a falar: séria, reservada e, de certa forma, um pouco cética em relação à vida.

Nas organizações onde trabalhou, sempre buscou crescimento profissional, mas sem obter o sucesso almejado. O *feedback* que recebia nas avaliações revelava que sua atitude em grupo não era compatível com uma posição mais elevada. Procurava um diagnóstico sobre seu perfil e desejava traçar um plano para seu futuro profissional.

Como parte do nosso método, iniciamos seu projeto pelo autoconhecimento. Na primeira etapa, ficou visível que seu estilo reservado, formal e racional era muito positivo para resultados com clientes, mas dava um tom impessoal para suas relações e representava um entrave para sua ascensão profissional.

Esse processo de reconhecimento foi tão surpreendente que, a partir desse ponto, ela também passou a questionar se realmente tinha afinidade e gostava do seu trabalho.

Seu perfil indicava pontos muito positivos para obter resultados com produtos e clientes, mas negativos para sua imagem e interação com a equipe.

Por meio do que chamamos de "perguntas provocativas", Kátia nos revelou que dois anos antes já havia tomado a iniciativa de fazer um curso na área de comportamento devido a um *feedback* anterior que mencionara seu ponto frágil. Ela queria compreender a razão de sua inadequação. Segundo suas palavras, não encontrou as respostas que desejava, mas ficou encantada com o assunto e continuou estudando-o.

Com o desafio de carreira sem solução, veio, então, procurar aconselhamento profissional. Juntas, refletimos no sentido de ela conhecer e *re-conhecer* suas maiores dificuldades, o que a levou a ver que refletiam uma simples verdade: ela "não gostava do que fazia". A partir daí, resolveu dar uma virada na carreira. Fez um curso na área de Desenvolvimento Humano e hoje é consultora de RH para treinamento e desenvolvimento de comportamento. E o que é melhor ainda: está feliz da vida!

> Se você tem uma ideia, execute-a – é melhor pedir perdão do que pedir permissão.
>
> Santa Teresa de Ávila[22]

---

[22] Teresa de Cepeda (1515-1582) foi uma religiosa, mais tarde proclamada santa. Ficou conhecida como Santa Teresa de Ávila, nome da cidade espanhola onde nasceu, e Santa Teresa de Jesus. Muito jovem revelou grande inteligência, sensibilidade e espírito inquieto, tendo reformado a Ordem das Carmelitas. Proclamada Doutora da Igreja em 1970 pelo papa Paulo VI e Mestra de Espiritualidade. Autora de textos famosos, como o *Livro da vida* (Companhia das Letras, 2010) e o poema *Nada te perturbe*.

••• Luciana, 33 anos •••

Ela tinha uma carreira bem resolvida e gostava do seu trabalho. Comandava sete profissionais, e quando nos procurou enfrentava problemas com seus pares e com o chefe.

O ponto crítico na história de Luciana era ser a única mulher entre cinco homens. Tudo indicava que seu gestor tinha perfil machista e ela trabalhava inconformada por ter que provar em todos os momentos de que era capaz. Reconhecia que sua aparência delicada e bem feminina contribuía para apresentar uma imagem frágil.

Luciana se dizia cansada de precisar demonstrar que estava ali porque era reconhecidamente competente no que fazia. Sabemos que essa luta feminina ainda é comum em muitos cenários organizacionais. Por outro lado, também sabemos que a empresa para a qual ela trabalhava não era de postura machista, uma vez que possui várias mulheres ocupando postos de comando.

Nosso projeto foi direcionado para melhorar sua postura, sua forma de falar e de se posicionar em relação aos demais, até mesmo por e-mail! Ela precisava *re-significar* sua imagem perante seus pares e seu gestor.

Para se ter uma ideia, apesar de ser mais preparada para o cargo do que seus colegas e de ocupar um posto de grande responsabilidade, ela era tratada como gerente júnior e os pares, como seniores. Mostramos a ela que se não mudasse seu jeito de ser, o tratamento que recebia permaneceria o mesmo.

Ela concordou. E, muitas vezes, enquanto conversávamos, chamávamos sua atenção para seu hábito de se expressar usando uma fala chorosa, por exemplo.

O processo de consultoria com Luciana, portanto, foi muito centrado no autoconhecimento – no sentido de ela se "ver" no trabalho, de como era percebida pelos outros e o que fazia para que os outros a percebessem dessa forma.

As pessoas não inventam nossa imagem. Nós contribuímos muito para a percepção que o outro tem de nós. O perfil de Luciana indicava uma pessoa que gostava de ser querida pelos outros. Por isso, usava muito "por favor" e fazia tudo para ser gentil.

Reconfiguramos esse perfil: trabalhamos suas falas, posturas, atitudes e sua tomada de decisão. Demonstramos, por exemplo, que poderia ser gentil mesmo sem dizer tanto "por favor", substituindo-o por "Fulano, gostaria que você fizesse isso".

Vale observar que, embora não fosse seu caso, muitas vezes a forma de se vestir também transmite uma mensagem inadequada, tanto para o homem como para a mulher. Se uma mulher quer ser respeitada no trabalho como pessoa, por exemplo, não deve usar decotes que mostrem os seios nem carregar na maquiagem. No caso do homem, se ele se veste como um garotão e usa cabelo todo espetado, também vai enfrentar dificuldades para ser visto como um profissional sério.

Luciana foi um caso especial. Ela é o protótipo da executiva moderna, tem uma formação excelente, domina outro idioma, divide as despesas da casa com o marido e, quando a vimos pela última vez, estava esperando o primeiro filho – eles são o típico casal do século XXI. Não achamos que o cargo dela esteja em risco, mas, quando voltar da licença-maternidade, poderá encontrar o mesmo problema. Algumas de suas atitudes não mudaram completamente. E, enquanto for assim, terá que obter mais resultados do que seus pares, trabalhar mais do que os outros, enfim, ir sempre além.

> É ridículo assumir o trabalho de um homem só para dizer que foi feito por uma mulher. A única razão decente para assumir uma tarefa é que ela seja sua e que deseje desempenhá-la.
>
> Dorothy L. Sayers[23]

••• Mônica, 33 anos •••

Podemos descrevê-la como uma pessoa do tipo quietinha e tímida. Era formada em Direito e trabalhava no setor jurídico de uma empresa de Tecnologia da Informação. Queria mudar para a área financeira e nos solicitou um plano de carreira para até 50 anos de idade. Como estava casada há nove anos, perguntamos se, em algum momento, planejava ter um filho. Ela nos contou que até já pensara nisso, mas as tentativas foram frustrantes e havia deixado o assunto de lado.

Argumentamos que seguir uma carreira era realmente importante, mas que, em nossa opinião, os filhos também poderiam trazer uma grande realização. Ela concordou, então, em incluir filhos nesse novo projeto.

---

[23] Citação do livro *The remarkable case of Dorothy L. Sayers*, de Catherine Kenney, 1991. Kent State University Press. Dorothy L. Sayers (1893-1957), uma das primeiras mulheres a ser diplomada pela Universidade de Oxford. Escritora britânica, autora de livros policiais, poeta, ensaísta e tradutora. Pioneira na introdução de temas éticos e sociais relacionados a crimes.

Desenhamos um plano com várias etapas – estabelecendo prazos para pedir aumento e promoção, fazer um MBA etc. As metas incluíam que aos 37 anos deveria comprar um apartamento e ter o primeiro filho. Aos 39, fazer a transição da carreira de gestora jurídica para a área financeira e cursaria o MBA. Também sugerimos frequentar ambientes corporativos abrangentes, trocando ideias com lideranças estratégicas de todas as áreas. Aos 41 anos, após ter cursado idiomas como parte do seu aprimoramento, Mônica teria o segundo filho e estaria ocupando a gerência de uma área financeira. Indicamos que, aos 44, já com dois filhos e apartamento próprio, a executiva faria novos cursos de especialização e teria alcançado o posto de gerente ou diretora na área administrativo-financeira. Finalmente, quando tivesse 50 anos, atingiria sua meta de assumir uma diretoria.

Passado um mês e meio do projeto traçado, Mônica nos surpreendeu com um telefonema dizendo que estava grávida. O fato a animou tanto que resolveu modificar um pouco o roteiro que traçamos. "E poderia ser diferente?" – perguntamos, comemorando esse momento com ela. Foi emocionante!

> Muitas vezes desenhamos um projeto de grandes mudanças profissionais, mas um evento, como uma gravidez antes do planejado, pode mudar tudo e transformar-se em prioridade. O importante é ser feliz!

Fernanda e Stella

••• Nicole, 31 anos •••

A história dessa executiva, que morava em outro estado, é bem diferente da maioria. Sua corrida na carreira foi contra o tempo para retomar e realizar um antigo sonho profissional.

Formada e apaixonada por *design* gráfico, assim que deixou a faculdade, Nicole trabalhou por um curto período como assistente de direção em teatro, mudando depois para a área de patrimônio e administração de uma empresa de software. Sem nenhum planejamento, ela foi crescendo no setor administrativo e comercial dessa companhia, o que a levou a afastar-se, cada vez mais, de sua formação artística. Obteve tão bons resultados em vendas que atingiu a diretoria da área.

Um dia, seu namorado, um alto executivo, recebeu um convite para trabalhar em São Paulo, o que levou a adiantar seu pedido de casamento a Nicole, pois desejava que se mudasse com ele.

Ela não tinha dúvidas quanto a casar-se, porém não queria abrir mão de sua carreira bem-sucedida, do bom salário e de uma posição que conquistara com muito investimento pessoal.

Resolveu solicitar ao seu gestor a transferência para a unidade paulista da empresa, na mesma posição e salário. E conseguiu. Casou-se, foi transferida e adaptou-se muito bem à cidade e ao pessoal da companhia.

Depois de cinco anos, porém, sentia que não estava feliz e veio nos procurar. Queria definir o que seria melhor fazer: continuar como estava ou tentar mudar para *design* gráfico? Caso ficasse com a segunda opção, teria que deixar a empresa, mas já falara com o marido a respeito e ele concordara em dar-lhe suporte no período dessa transição – como ocorreu posteriormente.

De acordo com seu perfil e sua experiência profissional, traçamos um projeto de carreira em que ela pudesse usar seu bom currículo, mas com vista em um futuro de redirecionamento para *design* gráfico.

Como primeira etapa, sugerimos um novo investimento em *design* para atualizar-se, o que significava cursar aulas de arte em uma boa faculdade.

Levantamos também a possibilidade de Nicole aproveitar a fase de estudos para ter um filho, caso ser mãe estivesse em seus planos pessoais, pois as aulas ocupariam pouco do seu tempo, que poderia ser enriquecido com a experiência da maternidade. Ela argumentou, porém, que não estava preparada para ser mãe no momento, preferia manter o foco de trabalhar na área de arte.

Traçamos um Plano B. Selecionamos e listamos empresas de *design* para contatos, recomendando que explicasse ao RH sua experiência como executiva da área administrativa e seu interesse em reposicionar sua carreira para artes gráficas. Obteve retorno de uma agência que lhe ofereceu o posto de relacionamento com clientes.

Apesar do salário ser bem menor do que recebia anteriormente, a oferta representava uma oportunidade de entrar para uma empresa de *design*, o que ela tanto desejava.

Sugerimos, então, que ela fizesse uma contraproposta para a agência: aceitaria a posição oferecida de relacionamento com clientes mediante a condição de estagiar, uma vez por semana, na área de criação para que os diretores de arte conhecessem seu trabalho.

A agência concordou e, assim, ela deu início a uma guinada de 180 graus na carreira.

Quanto ao salário, também a aconselhamos a negociar, e ficou estabelecido um fixo menor e uma comissão sobre as vendas, o que acabou sendo mais vantajoso. Hoje, ela está firme e empolgada estagiando em arte e vendendo produtos para o respectivo mercado.

> Cada vez que uma mulher dá um passo, todas avançamos.
>
> María Teresa Fernández de la Vega[24]

••• Olívia, 30 anos •••

Esta história é um caso típico do quanto a sinuosidade, comum na vida profissional feminina, pode mudar o desenho de sua carreira, até mesmo na fase de "corrida".

Olívia chegou a nossa consultoria por indicação de seu namorado, um bem-sucedido executivo que havia sido nosso cliente. O casal decidira casar-se e morar em outra cidade no momento em que ela estava desencantada com a carreira.

Olívia pertence a uma família muito bem estruturada. Sua mãe é proprietária de lojas e desde pequena a filha a acompanhava no trabalho, tendo aprendido muito sobre vendas e preços. Falante, dinâmica e espontânea, Olívia é uma pessoa extrovertida e bem articulada.

Formou-se em Direito por influência dos pais e, quando nos procurou, atuava no departamento jurídico de uma empresa de grande porte, tendo conseguido seu primeiro emprego com a ajuda de amigos da família, fato que ela considerava um demérito pessoal.

Comentamos que é comum os pais terem uma rede de contatos e ajudarem os filhos a ganharem "musculatura" profissional e caminharem por si próprios. Tanto é

---

[24] Citada no artigo "Y Dios me hizo mujer", por José Daniel Morales Martínez e Yenifer Miladys Fandiño Martínez. *Revista de Estudos e Pesquisas sobre as Américas*, vol. 2, n. 1, janeiro-junho de 2008. Centro de Pesquisa e Pós-Graduação sobre as Américas (CEPPAC) da Universidade de Brasília (UnB). María Teresa Fernández de la Vega (1949-), formada em Direito e especialista em Direito Comunitário, foi a primeira mulher vice-presidente da história da Espanha (de 2004 a 2010).

verdade que, com o tempo e a experiência, ela conseguiu se colocar no mercado sem o auxílio de ninguém – portanto, competência não lhe faltava. Contudo, Olívia só concordou conosco à medida que fomos desenvolvendo seu projeto.

Em nossas primeiras conversas, ela nos disse que "sentia-se perdida". E, ao trabalharmos seu perfil, ficou claro que, entre as carreiras mais ligadas a sua essência, estavam não apenas o Direito, mas o Marketing – esta segunda com a vantagem de trazer desde a infância e adolescência a vivência com a mãe na área de varejo –, quando se familiarizou com precificação de produtos, estratégia de vendas e posicionamento de mercado. Além dessa experiência, Olívia havia cursado, por iniciativa própria, um MBA na área e tinha adorado, o que reforçava sua identificação com o segmento de negócios, que está, como se diz, no seu DNA.

Até aquele momento, sua experiência era bem-sucedida em grandes corporações e muitos profissionais estariam felizes com essa evolução. Mas não era seu caso.

Nosso trabalho foi buscar os fatores que estariam causando a sensação de "estar perdida". Sugerimos que Olívia olhasse para sua vida e listasse quais papéis desempenhava.

Ficou muito claro, com esse exercício, que sua infelicidade vinha do fato de viver de forma completamente diferente da qual se habituara. Afinal, sempre havia morado com a família e agora se casaria e mudaria para outra cidade.

Diante desse quadro, perguntamos que nota ela daria, de zero a dez, para a sua felicidade. Sua resposta foi nove. Assim, ficou demonstrado que, na verdade, apesar do seu argumento se dirigir para a vida pessoal, o que mais a incomodava era o trabalho.

Ponderamos juntas que apesar do seu emprego não ser o ideal, oferecia pontos positivos que dariam suporte à mudança pessoal que estava vivendo: ela dominava a função, seu horário era flexível e poderia trabalhar a distância, não tendo que enfrentar a pressão do ambiente de trabalho.

Na verdade, considerando-se que seu perfil é de uma pessoa metódica, que gosta de rotina, Olívia estava em um momento muito favorável. Sugerimos, por exemplo, que imaginasse como administraria tantas mudanças pessoais, se naquele momento trocasse de emprego e de função. Ela reconheceu que seria difícil.

De imediato, para diminuir sua frustração profissional, propusemos que fizesse um movimento para a área de negócios da empresa. Ela gostou da sugestão e, a partir daí, traçamos dois planos de desenvolvimento de carreira – um de curto e outro de médio prazo. No curto prazo, faria um movimento lateral para sair do departamento jurídico, que não gostava, para a área de negócios da companhia. Quando a nova função estivesse sob controle, caso continuasse insatisfeita, então deixaria o emprego e investiria em comércio, que tanto desejava desbravar. Até lá, teria tempo para avaliar os nichos de mercado e montar o próprio empreendimento.

Na nossa última reunião, ela disse que, olhando para trás, não havia percebido que estivera se sabotando. Envolvida com seus problemas pessoais, não se dera conta da conveniência de ter, naquele momento, uma função que dominava e um emprego flexível.

O perfil de Olívia indica uma pessoa que não tem facilidade para lidar com o novo. Se introduzisse mais uma novidade, o resultado não seria positivo.

> Não faltarão situações em que precisaremos ter maturidade e sabedoria, também profissional, para entender quando o trabalho ajuda em nossa vida pessoal. Muitas vezes, desejamos correr, crescer rapidamente... mas, se o momento não for certo, o crescimento na carreira pode atrapalhar e frustrar a vida pessoal.
>
> Fernanda e Stella

••• Patrícia, 35 anos •••

Essa cliente tem um perfil bastante incomum. Com ótima formação profissional na área de Relações Públicas, fez MBA em Negócios Internacionais, foi executiva na área de marketing em uma multinacional no Brasil e no exterior e domina vários idiomas. Casou-se na Europa com um alto executivo e, durante três anos, deixou o trabalho para dedicar-se integralmente ao filho. Contudo, sentia muita saudade da família e convenceu o marido a voltar para o Brasil.

Chegando ao país, queria retomar sua carreira e nos procurou. Analisando seu histórico, logo comentamos que o trabalho do seu marido poderia, a qualquer momento, exigir uma transferência – o que deveria ser considerado para um projeto profissional que tem como característica a continuidade.

A resposta de Patrícia foi incisiva: "Se ele quiser sair do país, terá que fazer isso sozinho, pois eu não abrirei mão da minha carreira e da minha vida pessoal".

Passamos, então, a trabalhar seu projeto. Traçamos seu perfil, que revelou ser o de uma pessoa de personalidade forte, objetiva e racional. Quando indagamos o que gostaria de fazer, ela nos surpreendeu, dizendo que pretendia trabalhar com marketing para a classe C. Naquela época (2007), o assunto não estava em alta – o que demonstra o quanto era visionária. Ela foi à luta em busca desse sonho.

Durante sua procura, Patrícia recebeu duas propostas de trabalho: a de uma representação de outro país no Brasil e a de uma agência de eventos.

Devido à profissão do marido, atuar em um órgão internacional, sem dúvida, seria uma boa opção, pois, caso necessário, ela não teria dificuldade de transferência para qualquer lugar do mundo.

Porém, para ela, naquele momento, o mais importante era sua carreira. O trabalho na agência significaria, sem dúvida, voltar para a área de marketing – e, mesmo não sendo para a classe C, ele a colocaria nesse setor do mercado.

Por outro lado, sugerimos que refletisse e considerasse que atuar em eventos poderia tirar muitas horas do seu convívio com o filho, pois as agendas eram exigentes e, muitas vezes, trabalhava-se aos sábados, domingos e feriados. Novamente, ela foi muito determinada. Argumentou que o filho já tinha seis anos e o marido poderia cuidar dele também. Foi assim, nesses termos, que ela retomou sua carreira para seguir seu sonho.

> Uma das maiores forças que movem o mundo em nossa época é a revolução da igualdade.
>
> Barbara Ward[25]

---

[25] Citada no livro *El fin del mito masculino*, por F. Javier González, 2007. Erasmus Publishing. Barbara Ward (1914-1981) foi economista e escritora britânica, estudiosa da igualdade entre sexos, povos e nações e uma das primeiras personalidades a mencionar e defender o desenvolvimento sustentável.

••• 36 a 42 anos – a hora da verdade •••

Nesse período da vida, a mulher enfrenta desafios entre a razão e a emoção – por isso dizemos que é a "hora da verdade". É um momento de crise de identidade, quando vêm à tona questões como: Quem sou eu, afinal? O que desejo continuar sendo? O que ainda não fui e gostaria de ser? Quem ainda posso ser?

É a fase de busca do seu eu real, quando ela se detém, olha para dentro de si, para seus sonhos e desejos e faz um balanço: o que construí, o que consegui e o que não consegui, o que valeu e o que não valeu a pena, o que ainda quero e o que não quero mais, quais esforços precisarei fazer daqui em diante etc. É o ápice da autorreflexão.

Se olharmos sob o ponto de vista sociológico, é nessa faixa etária que a mulher geralmente define, de uma vez por todas, se vai ter um filho ou não. No caso de já ser mãe, ela se pergunta como viver este papel, pois os filhos requerem sua presença, como acompanhamento nos estudos, nas brincadeiras, nos eventos escolares etc.

Ao mesmo tempo, sob o ponto de vista profissional, é nessa faixa etária que a mulher está em plena condição de ocupar uma posição de gerência, diretoria ou superintendência – o que também exigirá bastante dela.

Nossa experiência em desenvolvimento de carreira demonstra que entre os 36 e os 42 anos a mulher passa por um processo de angústia: se é mãe e dedica mais tempo ao filho, o marido se ressente. Por outro lado, se atender mais a família, não responderá às exigências de seu cargo em relação ao tempo disponível – o que coloca em risco a conquista do posto que sempre desejou e pelo qual luta desde os 28, 30 anos. Ela sabe que se não conseguir agora, será difícil mais tarde.

Anseios, pressões e receios se alternam no dia a dia: "Quero aproveitar essa fase do meu filho. Depois ele cresce, segue sua vida e sentirei que ficamos pouco tempo juntos"; "O mercado não vai me esperar, vem a nova geração e ficarei ultrapassada". Essa é uma fase de muitas perguntas e questionamentos. A mulher parece estar diante de uma bifurcação. Há uma grande reflexão do que deseja realmente abrir mão. É nesse momento que muitas concluem: "Se para ser diretor é preciso abrir mão de tudo isso, então não quero!". É nessa etapa da vida em que ocorrem as maiores viradas de carreira, em que um grande número de mulheres abre mão de um posto mais alto, propõe à empresa um trabalho a distância por um período, ou ainda deixam o trabalho e abrem seu próprio negócio.

Nossa experiência demonstra que o mesmo não ocorre com a maioria dos homens dessa faixa etária. Por exemplo, quanto à decisão de ter filhos. Geralmente, ele só começa a pensar no assunto quando vê que um amigo vai ser pai. Já para a mulher, a maternidade é uma questão latente.

Nesse período da vida, geralmente o homem está extremamente focado na carreira, pensando sobre o que deve fazer para ser promovido. E, quando detecta uma chance de melhorar de posição, aceita na hora – mesmo que isso represente a curto e a médio prazos ficar até mais tarde no trabalho ou viajar muito. Observamos que a maioria não questiona se terá tempo para os filhos, se faltará à reunião dos pais ou à festinha da escola, ou com horários de dentista, médico etc. Ou seja, diante de um posto e salário melhores, questões pessoais e familiares são mais intensas e frequentes para as mulheres do que para os homens. Dificilmente, eles abrem mão de uma oportunidade em função de uma mudança em sua vida particular.

Mesmo quando o casal decide não ter filhos, fica claro que o homem conta com o suporte da companheira. É comum as mulheres ouvirem solicitações como: "Você compra os ingressos para o cinema?", "Você viu se chegou a conta do cartão?", "Você pode ligar para minha mãe e dizer que não poderemos almoçar juntos no fim de semana" ou "Desmarque o dentista para mim, querida".

São pequenos detalhes revelando, sutilmente, que o trabalho delas vale menos ou é secundário.

Aqui, faremos um recorte. É importante lembrar que as gerações femininas que são tema deste livro ainda trazem resquícios das condições socioculturais e históricas vividas por mulheres desde séculos anteriores. Elas conviveram diretamente – e receberam a influência – de avós e mães que, em sua maioria, vivenciaram profundas desigualdades em relação ao papel do homem, tanto na família como na vida social e profissional. Foram gerações e gerações presas na armadilha da "condição biológica", tendo como missão e realização principal procriar e cuidar da educação dos filhos, além de atender e acompanhar o marido, provedor do núcleo familiar.

A bem da verdade é que, se não fazia justiça às mulheres, o sistema também não o era perfeito para os homens, que viviam sobrecarregados pela pressão social de serem vencedores. Porém, sem dúvida, eles usufruíam de privilégios que certamente compensavam tamanho "sacrifício", como o acesso à educação e à cultura, ao voto, à deliberação sobre rumos econômicos, políticos e sociais, o próprio sustento, a liberdade de pensar e agir, o direito à prática de esportes, à diversão e ao prazer sexual, para citar apenas alguns.

Sob o ponto de vista global, podemos dizer que coube ao século XX transformar esse cenário, o que significa, considerando-se uma linha de tempo, que toda essa mudança começou "ontem"[26] – apenas algumas décadas mudaram centenas de séculos.

---

[26] É importante lembrar que, uma vez que esses dados compõem o desenho do cenário evolutivo da emancipação feminina em nosso país, o voto feminino só se transformou em lei no Brasil durante a década de 1930. A luta por esse direito, que vinha desde a década anterior, teve como personagem decisiva Bertha Maria Júlia Lutz, bióloga e advogada com formação na prestigiada Universidade de Sorbonne (França) e filha do cientista Adolpho Lutz. Paulistana, nascida em 1894, tornou-se, em 1919, secretária do Museu Nacional do Rio de Janeiro, quando ainda era vedado o acesso das mulheres ao funcionalismo público. Em 1922, Bertha fundou a Federação Brasileira pelo Progresso Feminino (afiliada ao International Woman Suffrage Alliance – IWSA, criado pelas sufragistas norte-americanas), dando início à luta pelo direito das mulheres brasileiras ao voto – até essa época apenas homens ricos e brancos votavam. Deve-se também a Bertha Lutz a conquista do direito das meninas ingressarem no Colégio Pedro II, no Rio de Janeiro, então capital federal. Na cena política, outro nome feminino histórico é o de Carlota Pereira de Queirós, a única mulher a participar da Constituinte de 1934. Carlota foi eleita por São Paulo. Fontes: revista *Espaço Aberto*, 25. ed., novembro de 2002. Disponível em:

Mesmo assim, não deixa de surpreender quando constatamos – permeando o ambiente profissional – comportamentos machistas em relação à mulher ainda marcados pelos estereótipos ancestrais, seja como "comandante", "provedor" ou "tirano" – e aqui estamos focando apenas o viés do mercado de trabalho. Uma evidência clara desse fato é haver muito mais mulheres do que homens se queixando de assédio moral[27] – o que não significa que eles também não sejam vítimas. No caso de assédio sexual, infelizmente ainda vemos ressurgir aqui e ali o antiquado "caçador" masculino e sua "presa" feminina em um jogo perverso de dominação e aceitação silenciosa, ou não, por parte dela.

Não sem motivo, as primeiras gerações de trabalhadoras do século XX tiveram como características o espírito combativo, o estresse e a tripla jornada, assim como momentos de profunda divisão psicológica e emocional entre o papel de mulher, mãe, profissional e cidadã. Uma das principais causas, sem dúvida, foi o fato de a evolução da cidadania feminina não ter sido acompanhada no mesmo ritmo pelas companhias, por exemplo no que se refere às condições de suporte à maternidade, como a instalação de creches na área da empresa.

Temos, portanto, neste capítulo, histórias de executivas cujas mães e avós estiveram entre as primeiras mulheres que fizeram crescer os percentuais da presença feminina nas escolas, nas universidades e nos postos de liderança – estes últimos ainda muito tímidos em nosso país devido à característica de sinuosidade da carreira feminina, diferentemente da masculina, que pode ser desenhada em linha reta (ver *A sinuosidade da carreira feminina,* p. 21).

A verdade é que os papéis da mulher estão muito interligados e a escolha de um deles sempre impactará no outro – se ela trabalhar até mais tarde, terá menos tempo para o filho e não acompanhará de perto seu crescimento. Como mencionamos inicialmente, se trabalhar menos, arrisca-se a perder a chance de conquistar uma posição melhor na empresa.

É uma fase de angústia, de como se dividir e saber em qual papel se sente plena, evitando sentimentos futuros de culpa. Portanto, consideramos que é nesse momento

---

<http://www.usp.br/espacoaberto/arquivo/2002/espaco25nov/0varia.htm> e *Historical dictionary of feminism*, por Janet K. Boles, Diane Long Hoeveler, 2. ed., 2004. Scarecrow Press.

[27] Estudo pioneiro no Brasil, realizado por Margarida Barreto, médica e pesquisadora da Pontifícia Universidade Católica de São Paulo – PUC-SP, revela que as mulheres são as maiores vítimas do assédio moral – 65% das entrevistadas têm histórias de humilhação, contra 29% dos homens. A pesquisa, realizada no ano 2000, junto a 97 indústrias paulistas, contou com 2.072 entrevistados e foi tema da dissertação de mestrado da estudiosa, sob o título "Uma jornada de humilhações". (Fonte: <http://www.assediomoral.org>).

da vida que a mulher mais busca sua identidade e quer se ver como realmente é. Consequentemente, é comum, nesse processo de autoconhecimento maduro, que surja mais de um viés em suas certezas, como demonstram as histórias de carreira deste capítulo.

A primeira delas teve início quando nos apresentamos para executivos sobre as vantagens da aplicação do MBTI® como instrumento de identificação de personalidade e potencial de talentos. Na palestra, destacamos que, durante o desenvolvimento de uma carreira, o poder e a solidão caminham juntos. E, nesse processo, a figura do *counselling* (aconselhamento) tem um papel fundamental, pois é um consultor isento com quem o profissional pode dividir suas angústias.

Uma das participantes nos disse ter ficado especialmente tocada com o que falamos sobre a solidão do poder e quis fazer um projeto de carreira conosco. Sua história retrata, sem retoques, uma situação que ocorreu e ainda ocorre com muitas mulheres que hoje têm entre 36 e 42 anos, como veremos a seguir.

••• Rita, 38 anos •••

Casada e sem filhos, quando a conhecemos, Rita estava há muitos anos em São Paulo e trabalhava na área de novos negócios de uma grande empresa.

Na nossa primeira reunião, mal começou a falar e seus olhos se encheram de lágrimas. O motivo é que ela estava vendo repetir-se no atual emprego uma situação idêntica a outra ocorrida anos atrás, e que a levou a pedir demissão. Era um verdadeiro *déjà-vu* e não sabia como agir.

Nascida em uma pequena cidade do interior, Rita vinha de uma família bem simples que subsistia de uma pequena produção no campo. Cursou o ensino médio, mas não desejava ser professora no ensino fundamental como todas as suas colegas. Ao contrário, imaginava-se trabalhando em uma grande empresa, em um prédio bonito, bem vestida, de salto alto, joias e dirigindo um "carro vermelho".

Ao pegar o diploma, disse a sua mãe que gostaria de fazer faculdade em uma cidade grande. A mãe a apoiou, mas ponderou que ela não conseguiria entrar em uma universidade pública, pois havia estudado em uma escola fraca e a família não teria como ajudá-la financeiramente.

Decidida, Rita prestou vestibular em uma faculdade particular em outra cidade do interior paulista e foi aprovada. O passo seguinte foi arrumar emprego para morar e pagar os estudos. Conseguiu uma colocação em atendimento ao cliente e mudou para uma pequena casa.

Tudo ia muito bem até que passou a ser assediada pelo supervisor. Segundo nos relatou, sofria assédio moral e sexual e voltava para casa humilhada, chorando muito.

É importante lembrar que, naquela época, o assédio no trabalho não era assunto debatido na sociedade e tampouco previsto em lei.[28]

Ela não possuía habilidade para enfrentar aquela situação, pois era jovem, muito ingênua e sempre vivera em uma área rural. O chefe vinha, insinuava-se e ela rezava, "rezava para que ele me esquecesse, para que eu pudesse trabalhar, pagar a faculdade e aprender inglês".

Ao perceber que Rita o estava evitando, o supervisor a colocou nos piores turnos. Ela se sentia presa em uma armadilha e, ao mesmo tempo, não queria desistir de tudo. Parecia que o pesadelo não acabaria nunca e achava que a única saída seria arrumar um novo emprego – por isso enviara seu currículo para outras empresas.

Finalmente, foi aprovada para trabalhar em uma grande organização em São Paulo. Disse que, ao fazer o desligamento da empresa onde trabalhou aqueles anos, teve vontade de denunciar o supervisor, mas não o fez. Colocou uma pedra sobre o assunto e mudou para a capital paulista.

Logo descobriu que a faculdade que cursava não era de ponta e era até considerada muito ruim – foi uma decepção. Mudou de instituição de ensino e começou um bom curso de inglês. Para ela, estar naquela empresa foi como entrar em um novo mundo, onde era respeitada como ser humano e como profissional.

Lembrou que antes de aceitar o desafio de ir para São Paulo, perguntou para a mãe: "Você quer que eu vá e depois volte para cá?". Ao que ela respondeu: "Minha filha, você acaba de ganhar um passe para sua liberdade, não escreva a mesma história que eu estou escrevendo".

Rita seguiu em frente e logo começou a crescer dentro da organização. Tornou-se analista, o que significou passar para o lado de quem planeja. Com a experiência, descobriu que gostava da área comercial. Fez pós-graduação em Gestão de Pessoas, depois MBA em Marketing em uma universidade de renome, com o custo subsidiado pela empresa.

---

[28] O assédio sexual no trabalho passou a ser considerado crime em 15 de maio de 2001, Lei n. 10.224 do Código Penal brasileiro, art. 216-A: "Constranger alguém com o intuito de obter vantagem ou favorecimento sexual, prevalecendo-se o agente da sua condição de superior hierárquico ou ascendência inerentes ao exercício de emprego, cargo ou função".

Quatro anos mais tarde, já casada, Rita ocupava o posto de executiva de vendas e tudo ia muito bem profissionalmente, até que houve uma reformulação interna e ela passou a responder para um novo gerente. Não demorou muito, ele começou a assediá-la, apesar de ela o evitar de todas as formas. O gerente passou, então, a entregar-lhe a pior carteira de clientes, a humilhá-la e até a gritar com ela. Mas, em vez de reagir, Rita começou a duvidar de sua própria competência.

Foi quando nos procurou para fazer uma análise do seu perfil e obter uma avaliação isenta de suas competências. Estava muito insegura.

Quer dizer que aquela garota que saiu de uma cidadezinha, enfrentou inúmeros obstáculos, cresceu profissionalmente, passou por uma pós-graduação e MBA, fluente em uma língua estrangeira e hoje ocupando um posto executivo em uma das maiores instituições financeiras do país estava insegura de sua competência? Ou seja, novamente, um gerente conseguia fazê-la sentir-se tão frágil como aos 18 anos.

Exatamente como ocorrera anos antes, novamente o assédio moral ameaçava desmoronar a confiança profissional que ela havia conquistado a tanto custo!

Mostramos a ela seus pontos positivos – resgatando seu histórico e fazendo-a recontar diversas vezes todos os seus sucessos. Precisávamos empoderá-la a respeito de si mesma, fazê-la acreditar no seu valor como profissional e como mulher.

Demonstramos que, em uma organização daquele porte, se deixasse o setor por causa do comportamento do chefe, equivaleria a mudar de emprego, ou seja, repetiria a história semelhante do passado.

A etapa seguinte seria prepará-la para enfrentar o gerente na questão do assédio, não de uma forma conflitante, mas dando um basta firme e definitivo.

Rita precisava ser fortalecida, afinal construi uma carreira, estava naquela empresa para trabalhar e crescer, precisava frear aquele indivíduo. Comentamos que ela encontraria mais homens como ele e, a cada vez que isso acontecesse, caso evitasse enfrentar a situação, sofreria novamente. Sabemos que para o opressor é fácil reconhecer uma boa vítima, como ocorreu neste caso.

Treinamos o diálogo que teria com o gerente e fizemos isso de forma incansável, sugerindo que dissesse: "Eu vim dar um *feedback* a você sobre a forma como está me tratando". Em seguida, deveria pontuar, com suas próprias palavras, a questão do assédio e outros pontos do comportamento dele que a desagradavam. E foi o que ela fez.

O gerente ficou impactado com a abordagem dela, dizendo: "Nossa, como você mudou". A resposta dela foi taxativa: "E você verá que mudarei ainda mais", completando: "Toda vez que considerar que o senhor está passando dos limites, vou novamente chegar aqui e dizer que não aceito tal atitude. E isso ficará entre mim e o senhor, sem o envolvimento de terceiros".

Faz dois anos que terminamos o projeto de Rita. Sabemos que ela conseguiu reverter completamente a situação, tornando-se uma verdadeira potência na área comercial da mesma instituição financeira. E, recentemente, deu a nós mais uma boa notícia: está grávida do primeiro filho, decisão que sempre adiou.

Vimos que sua trajetória foi difícil, tanto pessoal como profissionalmente. Por isso, é muito gratificante saber que venceu cada etapa e obstáculo, superando sua "hora da verdade", ou seja, fortaleceu-se profissionalmente, libertando-se de fragilidades do passado – o que acabou por dar-lhe segurança para também ser mãe nesta fase da carreira e da vida.

> Ninguém pode fazer você se sentir inferior sem o seu consentimento.
>
> Eleanor Roosevelt[29]

••• Solange, 38 anos •••

A história de Solange revela outro viés da "hora da verdade" na carreira feminina. Casada com um alto executivo, ela tem duas filhas, de 5 e 7 anos, e está passando do momento em que as crianças deixam de ter uma babá que pode dar conta da pré-alfabetização, e passam para a fase da responsabilidade da lição de casa.

Solange ocupa o cargo de gerente sênior em uma empresa global e conviveu de perto, desde a infância, com dois exemplos de carreira de sucesso: seus pais são executivos muito bem-sucedidos, além de intelectuais – uma vez por semana reúnem a família para jantar e discutir temas da atualidade.

Quando tivemos a primeira reunião, estava bastante angustiada porque acabara de receber um *feedback* da empresa segundo o qual tinha um comportamento muito agressivo no relacionamento com as pessoas.

---

[29] Citação do livro *A page from a CEO's Diary*, por Howard Breen, 2009. Author House. Eleanor Roosevelt (1884-1962), palestrante, diplomata e ativista dos direitos humanos, ocupou o cargo de embaixadora dos Estados Unidos na Organização das Nações Unidas entre 1945 e 1952. Foi esposa de Franklin Delano Roosevelt, presidente dos Estados Unidos.

Aprofundando nossa conversa, porém, descobrimos que essa não era a única razão de sua ansiedade. Na verdade, Solange observara que muitos profissionais, inclusive mais jovens, estavam subindo para posições de diretoria, enquanto ela perdia os cargos para os quais havia concorrido. Recentemente, seu chefe havia lhe falado sobre a existência de uma vaga fora do país, mas ela a descartara, pois significaria mudar com as duas meninas e o marido para a Europa, o que lhe parecia inviável.

Naquele momento, seu trabalho estava direcionado a uma unidade do grupo em outro estado, que passava por um momento delicado. Sem dúvida, estava enfrentando uma maratona de desafios. Em sua opinião, porém, o pior era atuar junto a um chefe regional que já havia incompatibilizado com ela várias vezes.

Em uma das nossas reuniões, Solange contou que teria que ir para a Europa a trabalho tratar de assuntos profissionais – e um dos escritórios era onde havia a vaga mencionada pelo seu chefe.

Vimos, então, uma oportunidade que a ajudaria a sair daquela situação angustiante. Sugerimos que aproveitasse a viagem para verificar se a vaga ainda existia e pensasse seriamente na possibilidade de morar naquele país por um período – afinal, seria bom as filhas estudarem na Europa, aprenderem outro idioma e, talvez, seu marido também gostasse da ideia – o que realmente ocorreu. Ele disse que seria ótimo para fazer um bom curso fora do país.

Solange aproveitou sua ida aos escritórios europeus para se informar se a vaga ainda existia. A resposta foi positiva e, assim, voltou ao Brasil decidida a solicitar sua transferência. Nossa orientação foi que ao anunciar sua decisão para a filial brasileira agisse com muita diplomacia, deixando a porta da empresa aberta para um futuro retorno.

Nesse momento, porém, Solange recebeu um telefonema do marido, perguntando se já havia confirmado sua vaga na Europa. Ela respondeu que ainda não e, então, ele anunciou, aliviado, que acabara de ser convidado para assumir o posto de diretor da empresa em que trabalhava. Ela nos ligou chorando, claramente confusa com tantos acontecimentos ao mesmo tempo. Pedimos que tivesse calma, resolvesse primeiro a questão da unidade e, quando voltasse para São Paulo, conversaríamos a respeito.

Na reunião seguinte, vimos todos os fatores que atuam no complexo do pensar feminino entrarem em ação na "hora da verdade" da Solange.

Ela nos contou que já havia tomado algumas decisões: aconselhou o marido a aceitar o posto de direção da empresa, pois era uma ótima oportunidade para ele. Na sequência, telefonou para o escritório europeu comunicando que estava em um momento familiar especial e seria impossível assumir a vaga naquele momento, embora não descartasse outra possibilidade no futuro. Por outro lado, substituiu a possibilidade de as filhas morarem no exterior e aprenderem outro idioma desde cedo por uma escola bilíngue. Então, como ela disse, estava tudo estabilizado à sua volta.

Nesse meio tempo, nós a ajudamos na competência de negociação para que ela solucionasse transações entre a presidência e o exterior. A sede do grupo concordou com o resultado, o que representou uma grande vitória individual.

Solange, porém, ainda não estava realizada, não queria permanecer naquela área. Como havia feito bons cursos de gestão, retomamos o seu perfil e vimos que havia outro setor alinhado aos seus interesses. Ela ficou bastante entusiasmada e, ao saber da existência de uma vaga na empresa para diretoria nessa área, procurou o chefe, candidatou-se e conquistou o posto.

Ficamos muito felizes, mas quisemos saber sobre o salário e ela nos respondeu que seria o mesmo! Discordamos imediatamente. Sugerimos um plano em que ela se propusesse um limite de seis meses com esse salário, no fim dos quais ela teria que colocar na mesa do chefe sua equiparação salarial, ou seja, receber o mesmo que os outros diretores. Afinal, ela seria responsável por manter a área em pleno funcionamento, estava no mesmo time!

Deu certo? Bem, ela saiu convicta de que tínhamos razão e disposta a dar conta do recado. Mas este livro estará nas livrarias antes que o prazo estipulado, de seis meses, termine...

> Aos homens é ensinado pedir perdão por suas falhas. Às mulheres, por seus êxitos.
>
> Lois Wyse[30]

---

[30] Citação do livro *Women and men in organizations*: sex and gender issues at work, por Jeanette Cleveland, Margaret S. Stockdale, Kevin R. Murphy, 2000. Psychology Press. A norte-americana Lois Wyse (1926-2007) foi escritora, jornalista e executiva de publicidade. Responsável, por exemplo, pelas campanhas do American Express e Revlon e a campanha política para o democrata Carl Burton Stokes, primeiro afro-americano eleito prefeito de uma das maiores cidades dos Estados Unidos – Cleveland. Wyse foi autora de livros sobre diferentes temas, entre os quais negócios, amor e família.

••• Thereza, 38 anos •••

Profissional de marketing, Thereza era gerente em uma companhia de grande porte e casada com um alto executivo. Quando nos procurou, estava com dois problemas: o relacionamento com seu gestor, que a considerava muito dura com a equipe; e a dúvida de enfrentar a maternidade, pois achava que isso atrapalharia sua carreira – no seu setor, dificilmente as mulheres que se tornaram mães eram promovidas.

Trabalhamos o projeto com os dois focos: o relacionamento com as pessoas e a questão da maternidade.

Percebemos que Thereza tinha obsessão pelo crescimento profissional. Era muito preparada, tinha inglês fluente e sua competência era reconhecida. Nesse sentido, não apresentava nenhum problema. Sugerimos que fizesse programas de liderança para melhorar sua postura com a equipe e os resultados foram bastante positivos.

Quanto à questão da maternidade, nosso trabalho foi no sentido de ela reconhecer que carreira é uma coisa e ser mãe é outra. O resultado foi ótimo. Não demorou muito, ela engravidou e teve um filho, o que em nada atrapalhou sua carreira. Estava muito feliz.

Depois de um tempo, a empresa onde trabalhava foi adquirida por outro grupo e trouxe uma nova cultura de negócio e trabalho. Thereza permaneceu no mesmo posto. Não estava muito feliz, mas conseguia administrar muito bem a carreira e a vida familiar até que recebeu uma boa proposta de outra grande empresa.

Resolveu aceitar, pois ofereceram ótimas perspectivas de crescimento profissional. A companhia possuía uma cultura mais agressiva, com forte competividade. Não demorou muito, ela começou a enfrentar problemas de relacionamento com o gestor, o que começou a dificultar o cumprimento de suas metas.

Thereza nos procurou com a intenção de se relacionar melhor com o gestor e atingir os objetivos estabelecidos pela empresa. Ao mesmo tempo, sentia saudades do filho. Sua insatisfação era tanta que começou a questionar-se profissionalmente. Tinha dúvida se queria continuar no mercado formal e buscar um alto cargo, como vinha planejando, ou se deveria trabalhar por conta própria – estava visivelmente em busca de sua identidade.

Sugerimos que se mantivesse no trabalho e começasse a analisar o mercado para ver se existia uma real vantagem em montar seu próprio negócio. Em meio a este processo, ela engravidou e teve o segundo filho.

Ao retornar da licença-maternidade, Thereza encontrou uma pessoa ocupando seu posto. Foi o suficiente para decidir seu futuro profissional: fez um acordo, deixou a empresa e abriu o seu próprio negócio, obtendo, assim, muito sucesso.

> A ambição feminina consiste em querer e ser capaz de viver o trabalho como um valor compartilhado com outros interesses da vida, fundamentalmente a família.
>
> Nuria Chinchilla[31]

••• Vivian, 36 anos •••

Ela chegou até nós pela primeira vez por iniciativa da empresa onde trabalhava. Era gerente de TI e iriam prepará-la para a área de negócios, processo que acompanhamos do princípio ao fim – muito bem-sucedido.

Meses mais tarde, Vivian nos procurou para uma consultoria particular, visando resolver uma questão pessoal que teria reflexo em sua carreira. Não sabia como conjugar esse seu momento profissional com a sua vida pessoal. Era casada há alguns anos e o seu marido sempre desejou ter dois filhos. Ele falava sempre sobre o assunto e atualmente a estava questionando sobre essa possibilidade, principalmente porque, sob o ponto de vista físico, não havia nada que a impedisse de engravidar.

Porém, ela achava que ter dois filhos significariam dois períodos de interrupção na carreira, o que adiaria sua planejada ascensão profissional. Desabafou que sempre temia voltar à estaca zero e a um passado de privações materiais que marcara profundamente a sua vida, conforme nos relatou:

Vivian nasceu na periferia de uma grande cidade, passando por muitas dificuldades materiais na primeira infância. Mais tarde, foi adotada por uma família muito rica que lhe proporcionou educação de primeira linha, viagens para o exterior, cultura, cursos de idioma, o que a levou a iniciar uma brilhante carreira. Casou-se com um colega de faculdade, a quem amava muito. E, agora, temia perdê-lo se não realizasse o seu sonho de ter dois filhos.

---

[31] Citada no capítulo "Tensiones entre trabajo y familia", por Nuria Chinchilla, em *Un enfoque múltiple de la economía española: principios y valores*: 175 opiniones de los principales investigadores de España, por Jesús Rueda Rodríguez (coord.), 2008. Ecobook, Editorial del Economista, Espanha. Nuria Chinchilla, espanhola, é doutora em Ciências Econômicas e Empresariais, licenciada em Direito e diretora do Centro Internacional Trabajo y Familia do IESE Business School. Desenvolveu os "Guías de Buenas Prácticas de la Empresa Flexible" (Comunidad de Madrid) e o "Guía de Igualdad de oportunidades entre mujeres y hombres en la Empresa".

Ponderamos com Vivian que os filhos não impediriam seu crescimento profissional e, se ela também desejasse ser mãe um dia, deveria optar por tê-los agora, para não se arrepender mais tarde. Por meio de perguntas provocativas, levantamos as questões envolvidas – por exemplo, como o marido poderia ajudá-la nessa decisão? Como unir todos os interesses?

Quando voltamos a nos reunir, ela trouxe as respostas. Havia decidido com o marido por uma inseminação artificial para engravidar de dois filhos. Dessa forma, poderia realizar o sonho dele, e o dela: ser mãe sem precisar interromper a carreira em dois períodos. E completou: a inseminação havia sido bem-sucedida e estava grávida.

Recentemente a encontramos, muito elegante com as duas crianças e muito bem profissionalmente, comandando mais de 140 pessoas. Disse que nos procurará neste ano para aconselhamento de mais um movimento de carreira: sua pretensão agora era a de assumir, até os 42 anos, a diretoria de uma unidade de negócios na atual ou em outra companhia.

Em se tratando da Vivian, sabemos de antemão que conseguirá.

> *O preconceito é um fardo que confunde o passado, ameaça o futuro e torna o presente inacessível.*
>
> Maya Angelou[32]

••• **Wanda, 38 anos** •••

Engenheira de formação, com domínio de línguas estrangeiras, morou no exterior, onde cursou MBA em negócios. Atuava nesta área de especialização e seu

---

[32] Citada no livro *Praeger Handbook on Understanding and Preventing Workplace Discrimination*, por Michele Antoinette Paludi, Carmen A. Paludi, Eros DeSouza, p. 86, vol. 1, 2011. Praeger – Greenwood Publishing Group. Maya Angelou (1928-) é historiadora e poeta, além de ter atuado como atriz e cantora. Maya tem uma história de vida repleta de superação e iniciativas pioneiras. Na década de 1950, ingressou na Corporação dos Escritores do Harlem, integrando o número cada vez maior de jovens escritores e artistas negros associados ao Movimento dos Direitos Civis. Trabalhou com o Dr. Martin Luther King Jr., e, a pedido dele, atuou na Conferência Sulista da Liderança Cristã. Angelou foi convidada por sucessivos presidentes dos Estados Unidos para desempenhar várias funções. Desde 1981, é professora da Cátedra Reynolds de Estudos Americanos, na Universidade Wake Forest em Winston-Salem, Carolina do Norte. Conferencista e muito assediada, está sempre presente na mídia, principalmente a televisiva.

sonho era ser intraempreendedora, ou seja, responsável por uma unidade de negócios dentro de uma empresa, na qual pudesse atuar com independência.

Estava há pouco tempo em uma grande empresa que possuía uma unidade com todas as características que ela procurava. Entrou a convite do gestor da unidade, sendo preparada para assumir o lugar dele, uma vez que assumiria outro projeto na corporação. Mas, quatro meses antes do esperado, o gestor deixou o posto e a empresa contratou outro profissional temporariamente. O relacionamento entre os dois não foi positivo e um ano depois Wanda acabou sendo transferida para outra unidade, um setor distante de suas aspirações, em que também passou a enfrentar problemas de relacionamento.

Nessa fase, procurou nossa consultoria. Analisando seu perfil, constatamos que ela jamais desiste do que deseja. Quando a situação profissional não é a esperada, Wanda a "abortava" e buscava outra opção, ou seja, deixava a empresa e começava tudo outra vez.

Fizemos com que avaliasse que essa atitude não era positiva para sua carreira, pois acabava desperdiçando conhecimentos e talentos e perdendo boas oportunidades de crescer ainda mais. Era fundamental que aprendesse a conviver e vencer com os desafios, caso contrário estaria sempre "começando de novo".

Como ocorre em projetos com essa característica, solicitamos que ela nos informasse sobre o perfil do gestor, que era o de uma pessoa muito reservada. A partir daí, passamos a criar estratégias para que Wanda entendesse as características dele e fizesse uma aproximação.

Com o tempo, ela rompeu essa dificuldade, o que estabeleceu um elo de confiança entre os dois.

Como é uma profissional muito competente, mais tarde o gestor lhe ofereceu a oportunidade de assumir uma importante missão na unidade de negócios, e ela está muito satisfeita.

> Se você não gosta de alguma coisa, mude-a.
> Se você não puder mudá-la, mude sua atitude. Não se queixe.
>
> Maya Angelou[33]

---

[33] Citada no livro *Maya Angelou* (biography), por L. Patricia Kite, 1999. Lerner Publications.

••• Yara, 41 anos •••

Yara contava com 36 anos quando nos procurou pela primeira vez. Era formada em Direito e atuava em marketing. Acabara de deixar uma grande multinacional, onde estava há quatro anos e havia feito um ótimo trabalho de colocação de uma marca no mercado. O motivo de sua saída foi um desentendimento com seu gestor, de quem discordou profissionalmente e houve um enfrentamento da parte dela.

Na época, era casada, sem filhos, e atravessava um período de questionamentos: quem era ela, afinal? O que desejava da vida? Enfim percebemos que Yara estava em busca de algo mais ligado a sua essência. De acordo com seu perfil, sugerimos que fizesse mestrado na área de Psicologia Social. Ao analisarmos juntas o conteúdo do curso, vimos que ela ficou muito entusiasmada, como se só naquele momento se desse conta do quanto era interessada no assunto.

Enquanto cursava o mestrado, trabalhou com publicidade e, posteriormente, em uma grande empresa ligada à internet que, segundo ela, a consumia 24 horas por dia.

Quando Yara voltou a nos procurar, ainda trabalhava na empresa de internet, mas havia abandonado a especialização em Psicologia. Disse que estava com vontade de abrir uma empresa e acabara de receber um aviso da universidade de que poderia ser jubilada caso não apresentasse sua dissertação, o que significaria perder todo o investimento pessoal e financeiro que fizera nos últimos anos.

Recomendamos que ela terminasse o mestrado.

A "hora da verdade" de Yara aconteceu quando um dia, tarde da noite em casa, a empresa telefonou para ela no momento em que estava finalizando a dissertação e, na pressa de salvar o texto, o deletou. Foi um momento de "cair em si", de ver o quanto priorizava o trabalho em detrimento de sua vida pessoal. Felizmente, ela recuperou o texto, entregou a dissertação e foi aprovada, mas restou aquela sensação de que o trabalho estava ocupando mais espaço do que deveria e ela se perguntou o que deveria fazer de sua vida. Percebeu que o melhor, naquele momento, seria deixar a empresa. Como já havíamos pensado em alternativas de carreira, decidiu seguir na vida acadêmica e optou em dar aulas de marketing em uma universidade, usando também seu conhecimento de Psicologia Social. Paralelamente, Yara entrou de cabeça em um sonho antigo de fazer teatro e descobriu que pretende seguir para a carreira de Crítica, o que vale ressaltar, aqui, que consta em seu perfil esta profissão. Assim, está realizando suas aspirações pessoais e de carreira.

> Nunca se deve engatinhar quando se tem o impulso de voar.
>
> Helen Keller[34]

••• Adriana, 38 anos •••

Acompanhamos essa cliente desde 2003, quando era gestora de uma área em uma multinacional global. Visionária, muito estrategista, tinha a carreira e a vida pessoal bem resolvidas: gostava da empresa e da área em que trabalhava e amava o que fazia. Era feliz com o marido e os dois filhos.

Uma das fortes características de Adriana sempre foi saber o que deseja. No seu projeto de carreira, sua meta era tornar-se presidente de um negócio, se possível na companhia onde trabalhava.

Adriana sabia que enfrentaria muitos obstáculos para atingir esse objetivo, sendo um deles o fato de sua área de atuação ser predominantemente masculina – não apenas sob o ponto de vista de formação acadêmica, como também do universo corporativo. Observamos juntas ainda o fato de a empresa ter homens ocupando altos cargos no Brasil e em outros países.

Mas Adriana estava disposta a batalhar para atingir seu objetivo. E, pelo seu perfil, tínhamos certeza de que conseguiria, pois é muito determinada. Passamos, portanto, a trabalhar seus comportamentos e atitudes em direção a essa meta.

É importante ressaltar que, além da determinação, Adriana contava com todo o apoio da família, tanto do marido como dos filhos. Nos últimos anos, uma das estratégias de sua carreira foi a presença na mídia interna e externa – seus filhos vibravam orgulhosos ao ver a mãe nas revistas e na internet. Esse apoio foi e continua sendo fundamental para o sucesso de sua carreira. É um dos poucos casos que conhecemos em que o marido declaradamente apoia a esposa em sua ascensão profissional.

---

[34] Citada no livro *The Story of My Life*, de autoria da própria Helen Keler, 2007. Echo Library. Helen Adams Keller (1880-1968) nasceu no Alabama, Estados Unidos, ficou cega e surda aos 18 meses de vida. Apoiada por sua professora, Anne Sullivan, tornou-se uma célebre escritora, filósofa, ativista social e conferencista. A história dessa amizade foi narrada em livro e filme (O Milagre de Anne Sullivan, 1962, dirigido por Arthur Penn). Realizou extenso trabalho em favor dos portadores de deficiência. Aos 22 anos, Helen publicou seu primeiro livro e também atuou como jornalista no *Ladies' Home Journal*.

Mas, se por parte da família ela não encontrava nenhum obstáculo, o mesmo não ocorria na empresa. Por isso, a cada oportunidade que surgia nesse trajeto, "costurávamos" sinuosamente sua ascensão.

Assim, no seu caminhar, foi necessário amadurecer seus comportamentos, que eram fortemente julgados pelo "homem/ser masculino" e pelo "homem/ser corporativo". Por exemplo, ela fez um trabalho para mudar sua comunicação, incluindo questões como sua entonação de voz ao falar e a estrutura gramatical de suas frases. Em vez de dizer "gostaria que fizesse isso", adotou o "preciso que você faça isso". Foi necessário também modificar sua postura, seu *approach,* deixando para trás sinais sutis do seu lado menina e colocar-se como mulher adulta – lembramos que ela ainda era bem jovem e de traços físicos suaves e delicados.

Aos poucos, acompanhamos Adriana bater metas, acumular resultados e solicitar uma oportunidade para implantar um modelo que inicialmente não foi valorizado e depois revelou-se válido para o negócio.

Essa estratégia paralela foi muito acertada, primeiro porque evitou que surgisse um clima de confronto com o modelo adotado pelos gestores da empresa, todos homens; e, depois, porque seu modelo trouxe bons resultados.

Portanto, houve da parte dela um empenho não apenas técnico, mas de comportamento, de postura – desde a forma de andar e sentar, até a de se dirigir aos outros e falar. Ela aprendeu, inclusive, a driblar as "cantadas cotidianas conhecidas" sem encará-las como assédio sexual.

É importante destacar esse lado do processo porque quem quer fazer carreira também precisa pensar na embalagem, na moldura que essa carreira vai ter. Pode parecer um pouco calculista, mas quando você vai para uma guerra, tem que aprender a manejar a arma. E Adriana aprendeu.

Seu esforço e empenho seguiram em todas as direções, não só para sua realização, mas também para se autopreservar e autopromover. E, visivelmente, muitos homens pegaram carona nos recursos criados por ela, por exemplo, a presença na mídia.

Nem sempre foi fácil, houve muitos momentos em que cansou, pensou em ficar onde estava. Mas sempre conversávamos sobre o assunto, e afinal ela estava conseguindo, sendo que atingir a meta era muito importante para ela.

Adriana foi promovida a vice-presidente latino-americana, degrau máximo de um futuro passo para se tornar presidente de uma empresa. Mas ainda estamos aguardando o momento em que venha a notícia de que ela fez o seu grande gol: ser convidada a presidir a empresa. Torcemos para isso. Esse acontecimento coroará seu legítimo esforço nesse sentido!

> *Coragem é a mais importante de todas as virtudes, porque sem coragem você não pode praticar uma virtude de forma consistente.*
>
> Maya Angelou[35]

••• Beatriz, 38 anos •••

Nascida no exterior, Beatriz era uma profissional de marketing quando conheceu o marido, brasileiro, e resolveu vir morar em nosso país e prosseguir na carreira. Sem conhecer ninguém na sua área, enviou currículo para várias empresas e foi chamada por uma delas.

Quando nos procurou, havia se tornado gerente de marketing de uma grande empresa, mas estava em uma fase de baixa autoestima. Não sabia a razão da sua insatisfação: se era com a empresa, o mercado ou a área em que atuava.

Depois de um longo tempo de conversa em que falamos sobre a razão de sua vinda para o Brasil, porque fizera MBA, ficou visível para nós que o motivo de sua insatisfação não era o trabalho em si, pois gostava do que fazia, assim como gostava da empresa. Estava insatisfeita, porém, com o tratamento profissional que recebia dos seus pares e do gestor.

A companhia era familiar e dirigida por uma pessoa de perfil conservador e machista.

Só havia diretores homens e, embora trabalhasse em função idêntica, não tinha o mesmo cargo dos seus pares e, consequentemente, não recebia o mesmo salário, os benefícios, o carro, entre outras vantagens.

A primeira etapa do nosso trabalho foi fazê-la reconhecer que o centro de sua insatisfação residia no tratamento diferente que recebia do gestor e dos seus pares de forma velada, e não quanto ao seu trabalho que, na verdade, gostava muito. Portanto, valeria a pena investir na sua permanência. E ela concordou.

O passo seguinte foi criar e treinar o discurso para Beatriz expor seu ponto de vista ao presidente da empresa. Sugerimos que marcasse uma reunião com ele. Ao ser

---

[35] Citação do livro *Even the Stars Look Lonesome* (Paperback), de autoria da própria Maya Angelou. Editora Bantam, 1998. Sobre a autora, ver nota 4.

recebida, Beatriz fez sua exposição e ele lhe deu razão, reconhecendo seu potencial, suas competências e seus resultados. O final da história não poderia ser mais feliz: ela foi promovida, recebe todos os benefícios a que os diretores têm direito e diz com orgulho que foi a primeira mulher, provavelmente na história da companhia, a conseguir isso.

> Existem mulheres que sabotam suas carreiras para evitar situações comuns, como a de enfrentar obstáculos ao provar que, profissionalmente, são tão capazes quanto os homens.
>
> Fernanda e Stella

••• Carolina, 39 anos •••

Elegante e descontraída, a economista já tinha uma carreira consolidada quando nos procurou. Sua vida pessoal era muito interessante e intensa.

Trabalhava em uma grande instituição financeira, para a qual se transferiu com a promessa de ascender rapidamente – o que não ocorrera. Carolina nos procurou a fim de saber quais caminhos deveria seguir para reverter essa situação.

Iniciamos o trabalho analisando seu perfil, que se revelou muito estratégico. É uma mulher de ação rápida e bastante otimista – o que, muitas vezes, faz com que perca o foco na realidade e não detecte a importância dos pequenos passos para atingir os objetivos.

Ela concordou com a análise, reconhecendo, inclusive, que a mudança dessa característica teria feito muita diferença no desenvolvimento de sua carreira e, a partir de então, estaria atenta para evitar esse tipo de comportamento.

Para nós, sua atitude revelou o quanto o autoconhecimento foi importante, esclarecedor e útil para sua vida daquele momento em diante.

Passamos a trabalhar seu posicionamento comportamental frente ao gestor, que, para ela, era o responsável pelo bloqueio de sua ascensão na companhia. A cada reunião realizada, revíamos os cenários possíveis e, para cada um deles, criávamos uma nova estratégia de como Carolina deveria se posicionar.

Nesse meio tempo, houve na companhia uma eleição anual dos maiores talentos, e tanto Carolina quanto seu gestor foram indicados. Em sua área, apenas ela foi eleita, o que a deixou em uma situação ainda mais difícil perante o gestor. Porém, o superior de seu gestor, que também a havia indicado, colocou-a no comando de outra área.

Hoje, ela é responsável por dois grandes setores. E, como revela seu perfil, não tem ânsia pelo poder, mas por desafios. Para ela, não importa o número de pessoas que administra, mas o número de problemas complexos que resolve.

Continuamos administrando sua carreira, atentando-nos para o fato de que quanto mais ela cresce, mais se expõe. E sugerimos que seja cautelosa nesse sentido, pois há grandes possibilidades de chegar ao topo da carreira.

Por outro lado, continua bastante envolvida com sua vida pessoal e familiar, inclusive com tempo para praticar esportes.

> O segredo é: a vida não é perfeita e deve ser levada da melhor maneira possível.
>
> Fernanda e Stella

••• 43 a 49 anos – em busca do equilíbrio •••

A maioria das mulheres está com uma carreira mais definida nesta fase da vida. Pode não ter paixão por ela, pode também não ter chegado aonde queria, mas acabou por construí-la. Talvez precise fazer pequenas correções de prumo – supostamente, porém, não tem mais dúvidas de que a carreira está consolidada. Até porque a mulher viveu uma crise na fase anterior: sua "hora da verdade". Naquele momento, passou por um forte estresse e desgaste emocional.

Este estado, no entanto, não significa que esteja desgostosa com sua decisão profissional – ao contrário, sente orgulho e prazer nessa conquista –, mas há uma necessidade de buscar o equilíbrio. Não no sentido de acertar a balança distribuindo os pesos meio a meio, mas de atender a todas as áreas que elegeu como prioritárias, e dedicar a cada uma delas a proporção que considera ideal. Poderá ser 30% para seu trabalho de executiva, 70% para a vida pessoal, ou 60% para o trabalho e 40% para si mesma – sempre será uma distribuição baseada em necessidades individuais.

Sob o ponto de vista da remuneração, por exemplo, algumas nos dizem: "A esta altura da minha vida, imaginava ganhar 25 mil reais", outras acham que "8 mil está bom" – e nós, como gestoras de carreira, consideramos o patamar estabelecido por nossas clientes naquele momento.

Portanto, o mais comum nessa fase é a mulher aprimorar o que conquistou a partir do ponto ao qual chegou – seja gerente, superintendente ou diretora ou mesmo dona do seu próprio negócio. Pode ser um aperfeiçoamento na área de liderança ou uma especialização – o importante é fortalecer sua "musculatura" profissional.

É certo, porém, que essa mudança não virá sozinha. Ela também quer se sentir mais inteira e plena na sua vida pessoal, recompensando-se pelo esforço feito até aqui. Assim, ela buscará atividades e *hobbies* que lhe tragam prazer, como ioga, academia, pilates, *sommelier* etc.

Sem culpa nem questionamento, normalmente abre espaço em seu dia a dia profissional para se dar esses "mimos". Ela merece!

É geralmente nesse momento, quando vive essa "plástica interna", que a mulher também pode se decidir por uma plástica externa, melhorando seu visual – uma lipoaspiração aqui, um laser ali...

A verdade é que o externo acompanhará muito o interno nesta fase da vida. É a época mais feminina da mulher, quando está mais "inteira". Assume sua identidade sem angústias e ansiedades. Se sempre gostou de echarpes e não as usava no trabalho, agora as usará. Também poderá aparecer com brincos e colares maiores ou mais coloridos, e até uma roupa com toque oriental. Ela sabe que merece se dar esse luxo e não se preocupa nem um pouco com o que os outros pensarão.

Quando iniciam seu projeto conosco, muitas mulheres dessa faixa etária reclamam do tempo que perderam com coisas sem importância. É uma autoanálise muito típica nessa fase, e observamos que sempre precede a apropriação da sua identidade.

Elas deixam para trás qualquer sentimento competitivo, principalmente com os homens, e voltam-se para suas essências. Algumas resgatam muito felizes o que construíram. Outras passam por pequenos momentos de tristeza, lamentando o que deixaram de fazer ou o que fizeram apenas porque era moda.

Comparamos esse momento feminino com o daquela história da águia ao atingir os 40 anos de vida. Nessa idade, suas unhas perderam a firmeza, seu bico ficou curvado e suas asas estão pesadas devido à espessura das penas. Tem dificuldade para voar e se alimentar. A águia, então, recolhe-se no alto de uma montanha, bate o bico na rocha até arrancá-lo e espera nascer um novo para arrancar as unhas. E quando as novas unhas nascem, ela arranca as velhas penas. Após cinco meses, totalmente renovada, alça novamente voo com toda sua plenitude.

Algo semelhante acontece com a mulher nessa fase, uma enorme capacidade de se reinventar toma conta de seu ser.

No trabalho, ela cria uma nova forma de atuar e delegar. Transforma-se na famosa chefe "amigona", está sempre disponível para ensinar tudo, transmitir experiência, agir como um bom *coaching* e treinar os outros para crescer. Ela não está mais interessada em competir, promove *workshops*, palestras com profissionais de outras esferas empresariais; sempre olhando para a equipe.

O homem da mesma faixa etária, ao contrário, ainda está competindo, abraça grandes projetos e quase nunca tem tempo para a equipe.

Na verdade, a mulher agora poderia subir mais – mas geralmente não está interessada, prefere ficar na estrutura, sustentando os processos. A única imagem que quer manter é a que tem sobre si mesma, mostrar apenas o que ela tem no seu interior.

Inclusive, muitas profissionais nos procuram para compartilhar essa fase de tranquilidade que vivem, querem validar seus sentimentos. "Será que eu não deveria querer alguma coisa a mais? É válido estar assim, sem interesse pelo poder?". Ou seja, elas estranham não terem dilemas e poderem assim fazer muitas coisas que sempre desejaram. Passaram por tantos desafios que buscar apenas o equilíbrio é uma imensa novidade.

Por outro lado, há casos em que isso não ocorre, e o equilíbrio parece uma utopia. Dentro de nossa experiência, isso ocorre mais com mulheres que não têm uma vida afetiva, não se casaram e não tiveram filhos, dedicando a maior parte da sua existência ao trabalho e à empresa. Estão cansadas, mas sentem-se muito sozinhas. Para elas, essa fase da vida é amarga. Afinal, elas "casaram" mesmo foi com o trabalho. A empresa é a "casa" delas. Não conseguem se imaginar sem tais pilares e vêm em busca de um ponto de equilíbrio.

••• **Débora, 49 anos** •••

Trabalhando em uma das maiores companhias de investimentos do país, Débora nos procurou devido à sua dificuldade de se comportar estrategicamente e lidar melhor com a equipe, que a considerava agressiva e inflexível.

Com formação na área de tecnologia, nunca trabalhara em outra empresa. Tinha paixão pelo que fazia.

Nos nossos encontros, mostrou-se sempre uma pessoa delicada. Solteira, morava sozinha, sendo muito próxima dos pais, do irmão e dos sobrinhos. Gostava muito de ler e saía pouco de casa.

O fato de ser socialmente reservada e tímida não a impediu de ocupar um alto posto na empresa, no qual sua competência era bastante reconhecida. Vale destacar que a companhia onde trabalha oferece oportunidades iguais para homens e mulheres. É uma das poucas no mundo!

Como seu perfil revelava problemas de relacionamento interpessoal, trabalhamos com Débora nessa direção. Ela concordou que precisaria ser mais política nas relações humanas. A empresa estava em processo de fusão, adquirindo outra companhia com uma cultura diferente, e Débora assumiria os projetos regionais. Isso significaria ficar mais exposta e lidar com pessoas diferentes das que ela conhecia e com as quais estava acostumada a conviver há anos. Inclusive, teria dois novos chefes, ambos estrangeiros.

Nosso projeto foi direcionado no sentido de ela se colocar mais estrategicamente e comunicar-se melhor, para que sua área e equipe tivessem maior visibilidade e trouxessem mais resultados.

O mais importante foi ajudá-la a romper a timidez e a cumprir a missão dada pela empresa: a de fazer um bom marketing para sua área. Os primeiros resultados foram ótimos. Débora fez a abertura de um projeto fora do país com muito sucesso.

Vemos que ela é duas pessoas em uma. No trabalho, é como se nadasse "de braçada", pois seu lado racional comanda. Conosco, que representamos um contato externo, no qual há espaço para o coeficiente emocional, Débora é frágil. Por isso, *ir de mansinho* e ceder são formas de não criar conflito.

Durante pouco mais de três meses, trabalhamos para que ela se relacionasse melhor com as pessoas e fizesse boas apresentações para o mercado, conquistando o objetivo de dar mais visibilidade para sua área – inclusive fora do país. E, em paralelo, ela se matriculou em cursos de filosofia para aumentar sua rede de conhecidos fora do trabalho.

> O importante é ser capaz de, a qualquer momento, sacrificar o que somos para sermos o que podemos ser.
>
> Pearl S. Buck[36]

••• Elizabeth, 45 anos •••

Nutricionista, mineira, iniciou a carreira em empresas de alimentação e é apaixonada pelo que faz. Cursou várias especializações, tendo estudos publicados em livros e revistas especializadas.

Era daquele tipo que trabalha 24 horas por dia e, quando nos procurou, ocupava um alto posto em uma instituição pública, onde foi admitida por concurso, mas sua remuneração era muito inferior à sua dedicação e ao volume de trabalho. Há alguns meses, sua gestora lhe comunicou que, para continuar naquele posto, ela precisaria cursar um doutorado, o que acabou funcionando como estopim para um momento pessoal de reflexão.

Primeiro calculou o que significaria fazer o curso agora. Considerou que já fizera muito por sua carreira e pouco por sua vida pessoal. Mergulhou em um processo de reavaliar suas conquistas – pesando o que foi positivo, o que foi negativo, o que deveria rever, quais seus maiores anseios –, enfim, fez um balanço sobre sua vida, mas sem chegar a uma conclusão.

Quando nos procurou, estava dividida: deveria fazer o doutorado e continuar com a vida tomada pelo trabalho ou jogar para o alto um emprego estável e ter mais qualidade de vida?

No processo de reflexão, ficou latente certa nostalgia, o desejo de voltar para seu estado natal, ficar perto dos pais, ter uma vida mais tranquila. Mas ela não estava certa ainda se essa seria uma boa opção. Chegou a pensar em continuar em São

---

[36] Citada no livro *Frases que cambian vidas*, por Luiz Castaneda, 4. ed., 2006. Edições Poder. Pearl S. Buck (1892-1973) foi uma escritora norte-americana que recebeu os prêmios Pulitzer, em 1932, e Nobel de Literatura, em 1938. Amiga de Eleanor Roosevelt, lutou pelos direitos da mulher e pela igualdade racial.

Paulo, mas em outra empresa. Porém, tal decisão não mudaria sua rotina, pois teria que atender as exigências da sua área de atuação, e agora buscava um equilíbrio.

Estudamos seu perfil e seus anseios e sugerimos um movimento para unir seus interesses. Enquanto ainda estivesse em São Paulo, sugerimos que buscasse uma sócia na mesma cidade onde morava sua família, para montar seu negócio próprio, com características visando um novo nicho de grande potencial: dietas e alimentação especial.

Para tanto, montaria um consultório para atendimento e orientação nutricional, agregado a um restaurante por quilo com dois tipos de cardápio: um geral e outro para alimentação especial, como dietas, regime de baixas calorias e reeducação alimentar – ambos supervisionados por ela, uma especialista no assunto.

Com o roteiro proposto, continuaria fazendo o que tanto gosta, usar toda sua experiência e ter mais qualidade de vida. Enquanto terminamos essa história, sabemos que Elisabeth encontrou a sócia e o espaço está totalmente montado para estrear em grande estilo.

O mais importante, porém, é que, sem dúvida, iniciou sua fase de equilíbrio entre carreira e vida pessoal. Temos certeza de que será bem-sucedida em ambos.

> Jamais confunda conhecimento com sabedoria. Um ajuda a ganhar a vida; o outro, a construí-la.
>
> Sandra Carey[37]

••• Fátima, 43 anos •••

Fomos chamadas pelo diretor de uma indústria farmacêutica para que realizássemos um projeto para uma gerente que ele estimava muito. A sala dele chamou nossa atenção, pois parecia um ambiente familiar. Ele nos falou sobre Fátima com muito carinho e propriedade, demonstrando sentimentos de amizade e admiração. Uma relação quase paternal.

Eram tantas as variáveis sobre ela, que foi preciso intervir e dizer que não podíamos abranger tantas questões para trabalhar – citou a comunicação, o fato de ela

---

[37] Citação do livro *101 Best ways to be your best*, por Michael Angier, 2005. Success Networks. Sandra Carey Cody é uma escritora norte-americana, autora da série de livros Jennie Connors Mystery, publicada pela Avalon Books.

ser sozinha, sua rigidez como gestora, seus momentos de autoritarismo, enfim, eram muitos aspectos. Na verdade, ele queria aprimorá-la como gestora.

Marcamos uma primeira reunião com Fátima, uma mulher bonita, delicada e elegante. Veio do interior muito jovem, cursou uma boa faculdade na capital paulista e trabalhava em uma empresa nacional que se expandiu para o exterior. Não casou, não teve filhos e morava sozinha.

Explicamos a ela o objetivo de nossa consultoria e perguntamos qual aspecto da carreira ela gostaria de trabalhar conosco. A resposta dela foi direta: queria entender a razão de dizerem que era má gestora, pois ela se achava ótima, apenas era exigente.

Exploramos o tema da gestão para tentar entender a visão dela e das relações humanas no trabalho. Percebemos, então, que existia um histórico de admiração quase cega dela em relação ao diretor. Citou que costumavam conversar horas a fio sobre os mais diversos assuntos, muitos deles filosóficos e trocavam livros, mas nunca fora do ambiente de trabalho.

Este tinha sido seu único emprego. Observamos que sua carreira havia estancado devido a essa dependência emocional estabelecida com ele – o profissional que ela admirava tanto. Essa admiração era tão grande que ela não se casou e se dedicou 100% à empresa e a ele.

Daí em diante, focamos nosso trabalho no sentido de Fátima se conscientizar a esse respeito, a ajudá-la a perceber, por si mesma, que se a carreira dela não havia evoluído, a causa era o próprio diretor, que alimentava essa relação por se sentir admirado e querido por ela.

Fátima o comparava com todos os homens e ele sempre saía ganhando. Existia algo como uma atração intelectual dela por ele e isso tirava o foco do seu próprio desenvolvimento profissional, fazendo-a rodar em falso.

Ela presenciou muitas pessoas serem promovidas por ele, e nunca chegava a sua vez. Quando aparecia uma oportunidade em outra área, ele dizia que ela precisava se desenvolver. E comentava: "O ano que vem é a sua vez", e "Não se preocupe com isso, nós nos damos tão bem".

Assim, ela o viu se casar, ter filhos, os colegas ascenderem profissionalmente e a vida dela continuava absolutamente a mesma.

Era uma situação singular: tínhamos que despertá-la para ver que esse homem não era tudo isso, "quebrar" a imagem de herói que ela tinha dele. Ficou claro que ele a mantinha em uma caixa de isolamento. Passava para ela trabalhos de extrema confiança que ela realizava com muita competência, mas exigindo muito da equipe, e isso acabava isolando-a de outras áreas da empresa.

Fátima estava ficando tão frustrada, tão amargurada, tão sozinha, que não tinha um relacionamento, não criara uma vida pessoal. Fazia sua equipe trabalhar 24 horas por dia, também porque não queria ir para casa ficar sozinha. As pessoas de sua equipe, ao contrário, precisavam ir para casa porque construíram uma vida pessoal. Durante o processo de consultoria, ela começou a namorar, o que sinalizou uma pequena mudança.

Quando o fim do ano chegou, ela mais uma vez esperava que ele a indicasse para uma promoção – o que não ocorreu. A diferença agora é que ela tinha consciência de todo o mecanismo que existia naquela relação profissional.

Nesse meio tempo, fizemos um demorado trabalho de gestão com ela, para que não copiasse o modelo dele. Terminado o contrato com a empresa, ela continuou conosco. E foi visível seu desenvolvimento; a questão das relações com a equipe no trabalho, após a consultoria, ficou bastante evidente.

Um dia, houve uma ocorrência envolvendo um subordinado que acabou provocando um grande prejuízo para a empresa. Ela sentiu-se responsável, pois a pessoa integrava sua equipe. Fátima nos procurou chorando, dizendo que a culpa era dela e deveria pedir demissão, caso contrário, seu chefe ficaria em má situação. Dissemos que não deveria fazer nada daquilo, precisava agir como adulta, procurar por ele e admitir que o erro era de responsabilidade de sua área e colocar seu cargo à disposição.

Ela precisava ter uma atitude diferente das que costumava tomar no passado, abrindo mão de si para atender ao chefe.

Seguindo nossa recomendação, pela primeira vez Fátima teve uma atitude de gestora. Contou-nos que se sentiu muito poderosa. O chefe disse que o erro era grave, mas a empresa possuía uma margem prevista de perda.

A partir de então, Fátima decidiu redesenhar sua área e rever os processos de trabalho. Continuou na empresa, o chefe se aposentou e ela ocupa um altíssimo cargo. Na vida pessoal, arrumou um novo namorado, com quem se casou, e está muito feliz.

Durante seu projeto de carreira, ficou claro que aquele sentimento de admiração pelo gestor impedira seu crescimento durante anos.

> A crença feminina na intenção do outro é diferente da masculina. O homem desconfia *a priori*. A mulher confia plenamente. Mas, felizmente, são características que podem ser trabalhadas em benefício de ambos.
>
> Fernanda e Stella

••• Glória, 44 anos •••

Glória desenvolveu sua carreira em uma única empresa. Especialista em tecnologia da informação em uma época em que essa área era praticamente nova, com inglês fluente e MBA em negócios. Sempre foi extrovertida e despojada. Desde jovem, liderou equipes de profissionais e transitou pela alta cúpula da organização, tornando-se uma profissional influente. Ocupou um alto posto de gestão e acompanhou vários processos de reestruturação da companhia.

No mais recente deles, a direção instituiu um programa de demissão voluntária, ao qual ela aderiu. Foi quando nos procurou, pois não tinha certeza do que deveria fazer dali em diante: se voltaria para o mercado ou estudaria outras opções.

Divorciada e com uma filha pequena, havia se dedicado muito ao trabalho nos últimos anos e deixado seu papel de mãe em segundo plano. Queria mudar esse quadro e ter mais qualidade de vida.

Estudamos as possibilidades do seu perfil, destacando as áreas que mais estariam alinhadas com seus anseios. Glória descobriu que gostava mesmo era de tendências de mercado, concorrência, posicionamento de produto etc., diferentemente do que tinha em mente como área de atuação.

Nós a encorajamos a assumir e, efetivamente, empreender sua própria consultoria nesse setor. Passou a desenvolver esse projeto e montou uma empresa para trabalhar em sua própria casa.

Hoje, Glória pode fazer os mais diferentes movimentos: juntar-se a um sócio, vender a empresa, voltar ao mercado. Mas ela é uma pessoa que representa o que sempre dizemos: as idades seguem.

Volta e meia, nós a encontramos em eventos. Sua empresa está muito bem e ela agora pode curtir a vida e sua filha como nunca. Nós a acompanhamos de longe e vemos como está cheia de energia. Isso nos faz muito bem!

> Não sabemos quem realmente somos até descobrirmos o que podemos fazer.
>
> Martha Grimes[38]

---

[38] Citada no livro *Witty words from wise women:* quips, quotes, and comebacks, por B. J. Gallagher, 2001. Andrews McMeel Publishing. Martha Grimes (1931-) é uma autora *best-seller* norte-americana de livros policiais e ativista pelo direito dos animais.

••• 50 a 58 anos – novas escolhas •••

Não é grande o número de mulheres que nos procuram para aconselhamento de carreira nessa faixa etária. Evidentemente, porque muitas estão com a vida profissional definida de alguma forma, mesmo que nem sempre da ideal.

Uma característica que diferencia essas mulheres das gerações que as antecederam é que a maioria tem aparência bastante jovem em relação à idade, pois atualmente contam com a evolução da medicina e da estética. Baseada em nossa experiência, a mulher nessa fase é bastante vaidosa – submete-se à cirurgia plástica, cuida muito do corpo e tem boa apresentação. E como esta é uma etapa mais amadurecida, olha as questões relacionadas ao trabalho de forma relativa à conveniência de sua vida pessoal.

É interessante observar que é geralmente nessa fase que o homem reconhece o valor profissional da mulher, e isso inclui os maridos. O que para eles antes era motivo de recriminação – a dedicação e o envolvimento excessivos com o trabalho, por exemplo, agora veem como qualidade. Ou seja, é o momento em que enxergam a mulher como sênior. É geralmente nessa faixa de idade que ela assume altos postos e destaca-se publicamente, diferentemente do homem – muitos deles atingem altas posições a partir dos 40 anos.

Embora aparentemente estivesse "correndo por fora", a mulher nessa fase da vida surpreende até os próprios colegas quando é indicada pelo conselho para ser presidente de uma organização.

Nossa experiência demonstra, porém, que a maioria delas está vivenciando nesse período uma das seguintes situações:

1. *Trabalhou quando jovem* –, mas casou, teve filhos e optou por ficar em casa cuidando deles até que se tornassem adultos. Então, decide voltar ao mercado, algumas retornando à profissão que exerciam anteriormente, outras aproveitando a formação universitária – principalmente Psicologia, Pedagogia ou acadêmica. São carreiras em que a idade não representa uma barreira e até ajuda, porque ser mais velha está associado à maior experiência e à maturidade.

2. *É separada do marido* – situação que geralmente ocorre na fase anterior a esta. Tem filhos jovens e, se não possui formação e experiência anterior – porque pertence a uma geração que facilmente abria mão da carreira para ser mãe –, opta pelo empreendedorismo, quer abrir uma butique, uma franquia, algo do gênero, ou fazer um trabalho autônomo como corretagem de imóveis e representação comercial.

3. *Opta pela realização* – muitas mulheres nessa faixa etária têm o desejo de fazer algo de que sempre gostaram e nunca realizaram, mas se sentem emocionalmente inseguras para dar esse passo. Em muitos casos, porque os filhos, na faixa dos 30 anos, enfrentam dificuldades para se sustentarem. Eles escolheram carreiras que não são muito solicitadas pelo mercado ou não estão se dando bem com suas escolhas. A verdade é que muitas mães ainda têm que dar cobertura para seus filhos. Elas chegam até a se considerar um peso na vida deles, caso não os ajudem.

4. *Sempre teve vida profissional* –, porém investiu pouco na carreira e vai em "busca do tempo perdido", mais com o objetivo de se realizar do que de ter poder. Quer garantir seu lugar e a carreira representa um complemento. Na vida pessoal, volta a "namorar" o marido, os filhos casados e os netos. Ela se aprimora, volta a estudar. Muitas, neste momento, optam por uma segunda

carreira e até cursam uma segunda faculdade – buscando o que sempre gostaram de fazer e para o qual nunca tiveram oportunidade. Ela agora pode se dar a esse luxo.

5. *Outra situação* – embora reconhecidamente competente, é a mulher que sempre investiu na vida profissional e não ascendeu na carreira. Mas agora, suas habilidades, experiências e seus resultados são tão evidentes que não há ninguém melhor do que ela para assumir um alto posto na gestão da companhia. Isso acaba geralmente acontecendo.

••• Helena, 50 anos •••

Ela é o tipo de mulher bem resolvida na vida pessoal. Solteira, tem um namorado que ama, relaciona-se bem com a família, adora os sobrinhos. Sempre trabalhou em grandes empresas na área de internet e ocupava há três anos um cargo de diretoria. Mas não estava feliz.

Quando um novo gestor assumiu, chamou-a para uma conversa, pois ela não estava apresentando uma boa *performance*, o que era de se estranhar, pois tinha excelente perfil profissional e um bom histórico na empresa. Helena não soube explicar com clareza o que estava acontecendo e ele perguntou se ela gostaria de contar com o acompanhamento de um *counselling* (aconselhamento). Ela aprovou a sugestão e, assim, começamos nosso trabalho.

A etapa mais rápida do seu projeto foi a do autoconhecimento, pois ela já se conhecia muito bem e revelou-se uma ótima contadora de suas histórias. Passamos, então, a fazer seu reconhecimento por meio de um resgate profundo do que gostava realmente de fazer, ou seja, validando suas preferências. Ficou claro que Helena não estava feliz com o cargo que ocupava atualmente. Não gostava de ser diretora.

Quanto mais avançávamos em nossas conversas, mais era visível sua serenidade e certeza de que precisaria voltar a ser, profissionalmente, a pessoa do passado. Foi, portanto, um presente para ela perceber que poderia realizar suas aspirações sem culpa – entre elas, a de aprender melhor o idioma francês, porque achava lindo.

Sugerimos, então, que aproveitasse o período de férias para viajar até a França e fazer um curso de imersão no idioma. Outra aspiração era voltar ao setor de projetos de tecnologia, na mesma organização onde trabalhava, pois gostava da empresa, do ambiente e das pessoas.

Ponderamos que, ao retornar ao trabalho, solicitasse uma reunião com seu gestor para um diálogo franco sobre sua insatisfação com o cargo e, em seguida, apresentasse um projeto para o setor para o qual gostaria de retornar.

Para Helena realizar essa etapa, fizemos um treinamento de diálogo e de apresentação do projeto para o gestor. Depois de ouvi-la, ele concordou com o que foi exposto, aprovou sua ideia e, inclusive, ajudou Helena a fazer seu próximo movimento de carreira.

Ela deixou o cargo de diretoria para levar adiante seu novo plano – e todo o processo de consultoria foi realizado de forma madura e estratégica, dando ótimo encaminhamento para uma situação que poderia representar um desastre em qualquer carreira. Afinal, ela era diretora, e é difícil, dentro de uma mesma empresa, realocar uma profissional com um alto cargo para outro de não liderança, mantendo o mesmo salário.

Vale observar que a mesma situação teria andamento diferente se vivida por um homem. Para começar, ao mudar para um cargo de diretor e não gostar, ele logo teria manifestado sua insatisfação para o gestor. No entanto, uma mulher da geração de Helena é menos impetuosa, demonstra mais receio.

Outra diferença que observamos é que, para o homem, ocupar um cargo de liderança é *status* e, uma vez nesta posição, ele emocionalmente encara como retrocesso deixar o cargo conquistado para ocupar outro de não liderança. E seus colegas pensariam da mesma forma. Alguns iriam além, dizendo: "Está vendo? Se eu fosse o escolhido teria dado conta do recado". O homem é mais competitivo, por isso, mesmo insatisfeito, permanece no cargo e... muitas vezes, para no hospital e, literalmente, "morre no cargo".

A mulher nessa idade tem um olhar mais benevolente e mais amadurecido quando se trata de alinhar suas aspirações com qualidade de vida.

> São nossas escolhas que mostram quem realmente somos, muito mais do que nossas habilidades.
>
> J. K. Rowling[39]

---

[39] Citada no livro *The Words of Extraordinary Women* – original de Carolyn Warner, reeditado por Sandra Day O'Connor. Newmarket Press, 2010. J. K. Rowling é uma escritora britânica, criadora do personagem Harry Potter. A frase é do livro *Harry Potter and The Chamber of Secrets*, 1999.

••• **Irene, 54 anos** •••

Executiva com carreira consolidada na área de tecnologia e tendo feito parte de uma das primeiras turmas de mulheres a trabalhar no setor em nosso país, Irene foi responsável pela implantação de sistemas e programas pioneiros para grandes empresas.

Separada do marido, que continua sendo um grande amigo até hoje, ela tem filhos e netos e sua relação com a família é muito sólida.

O perfil de Irene é o de uma pessoa visionária e inovadora. Para se ter uma ideia, logo que a conhecemos, em 2002, ela comentou que futuramente o Brasil teria uma crise de mão de obra especializada no setor de tecnologia. Inclusive mencionou o desejo de ter uma empresa para atender essa demanda. Realmente, é o que está acontecendo atualmente.

Apesar de sua inegável e reconhecida competência, porém, Irene não ascendeu na carreira. Sua maior força é interna. Possui muito conhecimento, poder e acesso à alta direção, mas nunca conquistou esse posto. Porque, para tanto, é preciso mais do que pensar, elaborar e analisar o trabalho – o profissional tem que "se vender" e Irene não conseguiu desenvolver essa habilidade. Além disso, considere o fato de ser mulher em um setor predominantemente masculino.

Convites profissionais nunca lhe faltaram e seu nome sempre foi muito disputado nas grandes organizações. Mas o mesmo desfecho se repetiu inúmeras vezes. Apesar de responsável pela parte mais difícil do trabalho e ter grande reconhecimento profissional, Irene sempre foi deixada de lado nas promoções de carreira. Como consequência, ficava infeliz, sofria um grande desgaste e pedia demissão. Sabemos que em todas as empresas por onde passou deixou sua marca de competência e grandes realizações. Infelizmente, porém, o reconhecimento foi sempre posterior a sua saída.

Diante desse cenário, Irene retornou para nossa consultoria em 2010 para um projeto de reinventar-se como pessoa e na carreira: sabia que sua realidade e seu perfil eram aqueles. Então, qual o melhor rumo a seguir de agora em diante? Inteligência, conhecimento e experiência não lhe faltavam, mas o que fazer com tudo isso?

Inicialmente, resgatamos o cenário de sua vida pessoal. Irene gostaria de ir para a cidade do interior onde a mãe, idosa, e a irmã moravam. Porém, não possuía autonomia financeira para dar esse passo, e não tinha ideia se naquela cidade haveria condição de continuar trabalhando e se sustentar. Por outro lado, estava certa de que não queria mais viver da forma que viveu até aquele momento. Estava cansada de ver os outros crescerem e ela nunca ter sua competência e dedicação reconhecidas e seu salário aumentado.

Dada tal situação, estava claro que seu primeiro movimento seria pedir demissão da empresa e ir para o interior com o objetivo de explorar, na pequena cidade, as opções profissionais para seu perfil e, ao mesmo tempo, agregar mais valor ao seu currículo. Em sua busca, soube de uma oportunidade em uma universidade pertencente a uma rede de ensino que precisava implantar um sistema de tecnologia tanto para a administração como para os docentes e alunos.

Esse trabalho a manteria atuando na mesma área e, consequentemente, daria sequência ao seu projeto de carreira. A mudança seria apenas de cenário, o que significaria a vantagem não só de estar perto da mãe, mas de deixar para trás aquela ansiedade de ascensão profissional e de promoção – o que definitivamente não estavam mais entre as suas prioridades.

O bom é que a escolha foi feita por Irene de forma consciente, visando um estilo de vida em que pudesse equilibrar trabalho com vida pessoal, familiar e segurança financeira. E, ao vislumbrar a oportunidade, não pensou duas vezes: mudou de cidade e de vida.

Em sua nova proposta, tudo foi calculado para se encaixar perfeitamente: sair de casa pela manhã cinco minutos antes do seu horário de trabalho, pois esse é o tempo (cinco minutos!) que precisa para caminhar até o escritório. Ao meio-dia, almoçar e ficar na companhia da mãe, voltando para o trabalho às 14 horas. Seu horário de saída é às 17 horas, o que permite aproveitar o tempo para se cuidar, seja indo ao instituto de beleza, fazendo sua caminhada diária ou praticando hidroginástica na academia.

Além de todas essas vantagens, inimagináveis no seu cenário profissional anterior, agora ela pode ver a filha e os netos mais vezes, já que eles moram na cidade vizinha, a apenas 15 minutos de distância.

É importante destacar que essa agradável realidade que está vivendo resultou de um processo em que foi detectada a certeza de que nunca iria ser uma diretora, pois não conseguiria ver-se abrindo mão do seu jeito de ser. Então, ela fez uma nova escolha, mais alinhada com seu perfil.

Sabemos, porém, que seus planos não terminam nesse ponto. O projeto que desenhamos para Irene em 2010 previa dois anos para essa fase de sua nova vida. Encerrado o período, segundo nossa indicação, deverá investir no sonho de abrir uma pequena empresa para capacitar profissionais na área de tecnologia.

2012 será o ano de Irene, quando retomará o projeto que havia deixado no caminho. Por essa razão, não temos o desfecho de sua história, que continuará além das páginas deste livro e a levará para a fase nomeada por nós como "de volta ao futuro" – aliás, tema do nosso próximo capítulo – em uma clara demonstração de que fazer uma nova escolha durante uma carreira não significa mudança definitiva.

> Você não pode escolher como vai morrer ou quando. Mas pode decidir como vai viver agora.
>
> Joan Baez[40]

••• Júlia, 52 anos •••

Essa cliente tem uma história bem diferente. Seu início profissional foi como secretária executiva em uma financeira, onde trabalhou durante anos na mesma função até que seu gestor a incentivou a dar mais passos na carreira, pois o setor de contratos, onde trabalhavam, estava crescendo muito.

Júlia era separada e tinha três filhos. Estava com 40 anos quando foi cursar Direito e, quando formada, seu gestor a colocou no setor de análise de contratos de crédito imobiliário, área em que se especializou e foi muito bem-sucedida – o que reforça o quanto um gestor que sabe reconhecer talentos e os incentiva é importante em uma organização.

Quando nos procurou, queria repensar sua carreira, pois estava com 52 anos, iria se aposentar, mas desejava continuar trabalhando. Seus filhos estavam formados e bem encaminhados profissionalmente, e agora se sentia pronta para ousar, ou seja, fazer um movimento de carreira em outra direção.

Antes de mais nada, porém, pretendia passar dois meses no exterior – no caso, a China, que sempre teve vontade de conhecer e onde morava uma grande amiga. Depois, gostaria de morar e trabalhar nos Estados Unidos.

Analisando sua experiência, vimos que estava muito alinhada com seus conhecimentos e aspirações para continuar na área de contratos para crédito imobiliário, porém com uma especialização no mercado internacional.

---

[40] Citada no livro *From the Heart*: A Woman's Guide to Living Well with Heart Disease, por Kathy Kastan. Capo Press, 2008. Joan Chandos Baez (1941-) é compositora e cantora norte-americana, ativista dos direitos humanos, da paz e do meio ambiente.

Sugerimos um MBA em um dos melhores cursos da Europa. Para bancar esse investimento, ela contaria com o rendimento do aluguel do seu imóvel no Brasil e os rendimentos da aposentadoria. Depois da viagem à China, Júlia seguiu nossa sugestão sobre o curso e, ao terminá-lo, foi trabalhar em um escritório imobiliário nos Estados Unidos. Não demorou muito para se tornar sócia da empresa, tocando um negócio muito bem-sucedido.

Sua história representa muito bem o que sempre dizemos: a sorte depende de preparo e de oportunidade. Júlia não ficou só planejando e sonhando – "serei isso, depois farei aquilo". Organizou-se e preparou-se para essa nova fase de sua vida. Também nunca esqueceu aquele primeiro gestor, a quem é eternamente grata, que lhe abriu novas perspectivas profissionais e a apoiou na mudança.

> O que vale na vida não é o ponto de partida, mas a caminhada. Caminhando e semeando, no final terás o que colher.
>
> Cora Coralina[41]

••• Karina, 53 anos •••

Profissional experiente, Karina nunca havia feito qualquer trabalho de desenvolvimento de carreira. A empresa onde atuava indicou nossa consultoria para que desenvolvesse práticas de liderança, pois assumiria um posto mais alto.

Observamos que ela também estava particularmente interessada em se autodescobrir, perceber-se, soltar amarras. Casada, mãe de um filho, Karina é do tipo reservado, severo e crítico, muito dedicado ao dever e ao trabalho. Demorou um pouco para que se abrisse em nossas reuniões.

Formada em Direito, trabalhava há alguns anos em finanças, tendo feito pequenos cursos ligados às áreas técnicas da empresa. Sempre atuou no mesmo setor e

---

[41] Citada no livro *Ações educativas: vivências com psicodrama na prática pedagógica*, por Escolástica Fornari Puttini e Luzia Mara Silva Lima, 1997. Editora Ágora. Cora Coralina (1889-1985) é o pseudônimo de Ana Lins dos Guimarães Peixoto Bretas, autora de poesias e contos, considerada uma das principais escritoras brasileiras. Seu primeiro livro foi publicado quando estava perto de completar 76 anos de idade. Começou a escrever seus primeiros textos aos 14 anos e colaborava com jornais e revistas.

agora precisava se atualizar, principalmente devido às várias mudanças pelas quais a companhia vinha passando para se tornar uma das grandes do país.

Fizemos com ela um trabalho muito profundo de autodescoberta, de validação do que ela sentia.

Observamos que o fato de Karina ter ingressado muito jovem na empresa – foi seu primeiro e único emprego – a tornou "adormecida" em relação a sua possibilidade de ascensão. Trabalhando sempre no mesmo local, não se deu conta de como as coisas vinham mudando ao seu redor e corria o risco de ficar para trás.

Embora tivesse evoluído profissionalmente, seu potencial de crescimento era bem maior. Na verdade, precisava apenas se aprimorar, fazer um "polimento" na carreira, pois acumulava excelente experiência técnica.

Sugerimos que cursasse um MBA em Administração, o que lhe daria mais preparo e confiança para ocupar uma futura posição de líder. Estava tão determinada que negociou e conseguiu que a empresa subsidiasse seu curso.

Karina passou por uma mudança incrível, despertou para si mesma e para o novo ritmo que as carreiras exigem hoje. Em suas próprias palavras, ela "aflorou" e passou a "entrar em ação". Tem plano para quando se aposentar: voltar a exercer advocacia como voluntária, um trabalho comunitário. Quanto a sua carreira na empresa, sabemos que recentemente assumiu um posto de coordenadora de equipe.

Dos 53 até os 60 anos, Karina viverá, sem dúvida, uma fase tardia de ascendência na carreira – nem por isso menos brilhante e realizadora.

> Podemos mudar nossa atitude. Nós não apenas veríamos a vida de forma diferente, mas a própria vida se tornaria diferente.
>
> Katherine Mansfield[42]

••• Luíza, 56 anos •••

A personalidade de Luíza é forte, bastante assertiva. Sabe se impor, mas, ao mesmo tempo, é carinhosa. Ficou viúva muito jovem com dois filhos, quando comandava a área de orçamento de uma grande construtora.

---

[42] Citada em *1000 Pocket Positives*, por Jan Sutton, 2003. Editora How to books. Katherine Mansfield Beauchamp (1888-1923) foi uma escritora neozelandesa de contos.

A empresa acabara de passar por uma fusão e, realizada uma pesquisa de clima organizacional, constatou-se que as pessoas da área de seu comando não estavam muito felizes.

Solicitaram nossa consultoria para detectar a causa e orientar para uma mudança de clima organizacional e *performance*. Descobrimos que o setor estava, como costumamos dizer, "doente". Havia duas pessoas muito depressivas que criavam um ambiente muito pesado, "contaminando" os outros. Questionamos Luíza por que essas pessoas estavam sendo mantidas no emprego, prejudicando sua gestão. A resposta dela foi que aqueles profissionais tinham uma ótima formação e filhos para criar.

O comportamento dela revelava o que todo mundo conhece como "mãezona".

Por outro lado, sabíamos que tinha bom trânsito na alta cúpula da empresa, e que era cogitada para assumir uma diretoria e ter seu salário aumentado. Contudo, manteve as mesmas pessoas na equipe até que recebeu uma advertência do RH, devido a problemas causados pelos dois profissionais "difíceis". Como consequência, foi transferida e passou a responder para um gestor de outra área.

Pouco tempo depois, o problema foi o motivo de sua demissão. Após seu desligamento, continuamos nosso trabalho. Chamamos sua atenção para o fato de que a mesma história, se fosse vivida por um homem, dificilmente teria desfecho idêntico. Ele jamais manteria aquelas duas pessoas atrapalhando a área.

Luíza não havia percebido, não enxergou que deveria ter tomado outra atitude, assumido uma posição firme.

Ficou profundamente abalada, pois realmente não esperava o que aconteceu. E disse que gostaria de continuar com nossa consultoria porque precisaria se reencontrar profissionalmente.

Neste novo contexto, a primeira etapa foi resgatar sua autoestima. Era uma pessoa que tinha uma grande história de carreira e foi necessário abrir novos horizontes para que criasse outras perspectivas.

Sugerimos que, devido a sua experiência, poderia ter um negócio próprio; por exemplo, assessoria na área que dominava.

Luíza gostou da ideia e abriu uma consultoria para orçamentos, ao estilo de um *home-office*. Está muito feliz, obtendo ótimos resultados. Também fez mestrado e passou a dar aulas em uma universidade na disciplina que conhece tão bem.

Tudo indica que a história dessa mulher irá longe, pois ela se reinventou aos 56 anos de idade.

> Procrastinar é, sem dúvida, a forma mais comum de autossabotagem.
>
> Alyce P. Cornyn-Selby[43]

---

[43] Citada no livro *Women know everything!*: 3,241 quips, quotes, & brilliant remarks, por Karen Weekes, 2007. Quirk Books. Alyce é uma conhecida palestrante norte-americana, autora de vários livros sobre autossabotagem.

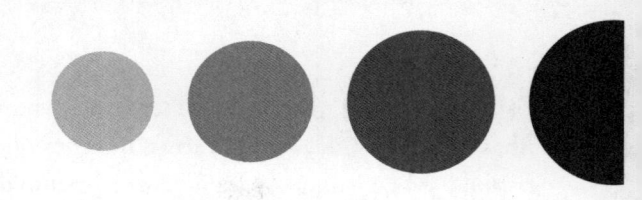

••• **59 anos em diante – de volta ao futuro** •••

Começamos as histórias de carreira neste livro com a geração *y*, e terminaremos com mulheres da geração *baby-boom*,[44] ou seja, a que ajudou a transformar o mundo de que usufruímos hoje.

As mulheres que estão com mais de 59 anos são as que menos procuram nossa consultoria para aconselhamento de carreira. Evidentemente, porque já atingiram as suas metas ou têm definidos os próximos passos no trabalho, ou ainda porque podem deixar o emprego atual para se dedicar a algo que sempre desejaram.

---

[44] Trata-se da geração pós-guerra, nascida entre 1946 e 1964, assim chamada pelo *boom* de nascimentos ocorrido na época nos Estados Unidos, quando 75 milhões de bebês representaram o maior crescimento populacional registrado em décadas naquele país, causando mais tarde um grande impacto na cultura e na economia norte-americanas. Fonte: *Baby-Boom – People and Perspectives*, Rusty Monhollon (editor). Greenwood Publishing Book, ABC-CLIO, LLC, 2010.

Outra razão é que essas mulheres se acostumaram a resolver seus desafios sozinhas – por meio de erros e acertos, uma vez que a adoção do aconselhamento profissional e a consultoria para desenvolvimento de carreira são práticas que se tornaram mais conhecidas no Brasil apenas a partir da década passada.

Porém, uma coisa é certa: tais mulheres, mesmo depois de aposentadas, sabem que não vão ficar em casa esperando o tempo passar e o envelhecimento tomar conta do seu corpo, como ocorreu com suas mães e avós. Ao contrário, estão contando os anos que terão a mais para viver (bem) e criando planos para continuar na ativa. A maioria continua, inclusive, a contribuir financeiramente com a família, apoiando filhos e netos.

Portanto, muitas dessas mulheres voltam ao mercado de trabalho – e agora, mais do que nunca, uma vez que cresce a demanda por essa mão de obra com perfil único: experiência, conhecimento, maturidade, paciência e, principalmente, flexibilidade e capacidade de adaptação (afinal elas são *baby-boomers,* representantes de uma geração mutante que redirecionou a cultura do mundo moderno).

Se você, leitora, faz parte da geração *y*, vale a pena ler o que virá a seguir, pois a maioria das vantagens de que usufrui ganhou impulso e foi disseminada pelas mulheres da era *baby-boom*, como: o feminismo e sua luta pela igualdade de oportunidades e benefícios; o estímulo para cursar universidades e seguir carreira; a combinação de carreira com a criação dos filhos; ter o seu próprio dinheiro; adotar a pílula anticoncepcional; defender as liberdades sexual e de gênero, assim como a de se vestir como quiser, sem seguir padrões do mercado; os protestos da juventude; as lutas contra as guerras e as ditaduras; a consciência planetária, o pacifismo e a preservação do meio ambiente; um novo olhar sobre o espiritualismo; engrossar as estatísticas de mulheres em postos de comando e poder político; ter participação efetiva em todas as áreas do conhecimento, entre inúmeros outros legados que têm deixado para suas filhas e netas.

A geração *baby-boom* nasceu e cresceu sob a influência dos meios de comunicação de massa, principalmente a televisão. Quando jovem, não contou com computador, celular nem internet, mas foi a primeira a lidar com esses recursos.

Portanto, é uma geração que conseguiu manter-se contemporânea, mesmo depois de décadas vividas.

Dois *experts* em carreira e liderança, Jair Moggi e Daniel Burkhard,[45] destacam que "mais de dois terços das grandes obras da humanidade, aquelas que resistiram

---

[45] Fonte: *Assuma a direção de sua carreira*, livro de Jair Moggi e Daniel Burkhard. Negócio Editora, 2003.

ao tempo e aos modismos, foram criadas por pessoas acima dos 60 anos". Na liderança, pessoas dessa faixa etária manifestam grandes visões do futuro, inspiram aqueles com quem trabalham e são exemplos de conduta ética e moral. Na equipe, representam, entre outras características, o saber ouvir e aconselhar, e suas perguntas estimulam as pessoas a encontrarem soluções. Na organização, os maiores de 60 anos administram o potencial espiritual da empresa, zelam por sua missão, valores e princípios. E mais: enxergam tendências em situações paradoxais e dão respostas intuitivas e criativas baseadas nelas.[46]

Selecionamos para este capítulo o momento de carreira de três mulheres que representam muito bem, tanto intelectual como pragmaticamente, a geração feminina de mais de 59 anos que continuará na ativa e em postos de comando.

••• Marta, 60 anos •••

Marta é bonita, muito inteligente, tem ótima formação e sempre atuou na área contábil de uma empresa familiar, onde começou aos 20 anos e tornou-se pessoa de confiança do proprietário e da família. Trabalhando lá, concluiu a faculdade de Economia e fez pós em Administração. Competente e dedicada, introduziu mudanças no planejamento e na estratégia da empresa, que cresceu ao longo do tempo, principalmente nos últimos cinco anos, com os dois filhos do proprietário assumindo a gestão do negócio.

Tudo seguia rotineiramente até que a família e os sócios da companhia decidiram iniciar um processo de profissionalização da empresa. Contrataram um presidente-executivo para modernizar a gestão e adequar o negócio ao novo perfil do mercado.

Marta não se sentiu ameaçada, pois seu cargo foi mantido e sempre foi chamada para participar das reuniões, mas começou a ver-se deslocada com a nova forma de gestão, de hierarquia horizontalizada e equipes cruzadas, ou seja, compostas por pessoas de áreas e repertório completamente diferentes.

Naquele mesmo período, o marido, bem mais velho do que ela, aposentou-se após anos de trabalho como consultor financeiro, o que significou o aumento da participação dela nas despesas da casa. Profissionalmente, seus filhos iniciavam suas carreiras em áreas das quais gostavam muito, mas consideradas alternativas, e seus ganhos não contribuíam para o orçamento familiar.

---

[46] *Idem, ibidem.*

Marta nos procurou muito aflita, desejando obter uma visão isenta de sua carreira e posição diante do novo cenário da empresa. Agora teria novas metas a cumprir, precisaria se envolver com outras áreas, pensar em inovação de produtos, descobrir e reter talentos, além de passar por avaliações – enfim, um estilo novo para sua nova realidade. Ela estava pouco à vontade.

Ao contrário do que muitos poderiam esperar, Marta não pensou que talvez fosse hora de fazer um acordo com a empresa e trabalhar por conta própria. Com sua personalidade forte e seu espírito de luta, queria mesmo era entender o novo esquema e participar da mudança na empresa – foi com esse objetivo que veio à nossa consultoria.

Na primeira etapa do seu projeto, realizamos com ela uma abertura para o cenário atual, um verdadeiro aprendizado sobre o novo conceito de mercado profissionalizado. Ela estava em uma companhia familiar, que considerava, de certa forma, como sua família também, e onde viveu toda sua carreira. Agora, era preciso mudar seu olhar, ainda muito emocional, e adotar uma postura mais objetiva – o que significava batalhar também por sua posição, pelo seu salário, e encarar com naturalidade as cobranças que viriam. Por outro lado, deveria se preparar para liderar, pois o novo gestor abriu essa perspectiva para ela.

Passamos, então, a fazer uma construção nesse sentido. Fizemos com ela uma Avaliação 360°, instrumento de gestão que ela não conhecia na prática, embora tivesse lido muito a respeito, sinal de sua excelente preparação. Sabemos que o desconhecimento do uso de uma ferramenta sempre gera medo e ansiedade.

Portanto, nosso papel como consultoria foi o de introduzi-la, criar uma espécie de realidade virtual para ela vivenciar modelos e ferramentas dentro do novo cenário.

Outro exemplo de experiência envolveu o *assessment*, avaliação de habilidades e talentos. Imagine uma mulher de 60 anos, com ótima formação e experiência, fazer um *assessment*? Para um jovem que acabou de entrar no mercado, é normal; mas para ela, este era um terreno desconhecido.

Foi um processo maravilhoso de descoberta que tivemos o privilégio de compartilhar com ela. Observamos o quanto Marta foi se acalmando, capacitando-se, percebendo-se até em outros papéis – nos quais teria que receber e fazer avaliação, *feedback*, realizar reuniões com grandes equipes, lidar muito mais com pessoas etc.

Foi incrível sua transição para esse novo cenário profissional. Ocorreu rapidamente também porque, é claro, ela tem maturidade, uma história profissional e preparo impecável – estava em enorme vantagem. Em pouco tempo, Marta reconfigurou seu olhar para a companhia, aprendeu a aceitar algumas posições, a criticar outras. Mergulhou na nova realidade do mercado e seguiu adiante nesse processo. Soubemos que hoje está sendo cogitada para assumir o setor de RH, pois revelou-se uma ótima descobridora e desenvolvedora de talentos!

> Minha filosofia é: você não só é a responsável por sua vida, como também, ao fazer o melhor agora, estará em melhor posição para o próximo momento...
>
> Oprah Winfrey[47]

••• Neusa, 59 anos •••

Quando ela nos revelou sua idade, ficamos admiradas. Aparentava, no máximo, uns 51 anos e nunca havia feito uma plástica. Elegante, com cabelos curtos, e bem cuidada, Neusa é uma pessoa tipicamente dinâmica.

Ocupava cargo de gerência da área ambiental de uma grande empresa. Tem um currículo maravilhoso: universidade fora do país com excelente histórico, fez doutorado, fala fluentemente inglês e francês e trabalhou em empresas muito conceituadas nas áreas de ciência e tecnologia.

Chegou até nós por meio da empresa onde trabalhava, que nos solicitou uma validação do seu perfil para assumir um novo e importante cargo, no qual estaria bastante exposta e muitas vezes teria que enfrentar oposição, discutir, argumentar. Até aquele ponto de sua carreira, seu trabalho não havia gerado essa necessidade, pois, apesar de ocupar uma posição de liderança, nunca precisara colocar, como se diz popularmente, "a cara pra bater". No novo cargo, essa situação seria rotineira.

---

[47] Citada no livro, *Coach Yourself to a New Career*: 7 Steps to Reinventing Your Professional Life, por Talane Miedaner, 2010. McGraw-Hill. Oprah Winfrey (1954-) nasceu em uma área rural pobre do Mississipi, Estados Unidos. Na infância, foi vítima de abuso sexual por parte de parentes e de amigos de sua mãe. Sua adolescência também foi marcada pela superação de difíceis obstáculos. Em 1971, entrou na universidade e logo começou a trabalhar em rádio e TV. Cinco anos depois, já apresentava um *chat show* na TV. Em 1986, estreou seu próprio programa televisivo, conquistando enorme público e audiência, inclusive em outros países. Filantropa e mulher de negócios, lançou e comanda uma revista feminina bem-sucedida que leva seu nome e, em 2011, adquiriu seu próprio canal de televisão.

Ao estudarmos seu perfil, observamos que Neusa valorizava muito mais a experiência e o conhecimento profundo do trabalho, o que é típico de sua geração. Porém, sabíamos que isso não era suficiente naquele momento e a alertamos que agora o desafio seria outro e que precisaria se preparar. Neusa mencionou que havia enfrentado muitas coisas na vida – muito jovem foi morar no exterior para estudar e sempre deu conta de si mesma sem a ajuda de ninguém.

Pórem, concordou que de uns tempos para cá, com a ascensão ocorrendo em sua carreira, estava realmente pouco à vontade com os desafios agressivos do mercado, cada vez mais constantes. Não havia se conscientizado a esse respeito e agradeceu o alerta. Disse que conseguimos tocar no ponto certo, que acertamos "no seu fígado".

Reforçamos que era esta a fragilidade que deveria trabalhar, pois dali em diante teria que lidar com profissionais de áreas e ambientes completamente diversos daqueles aos quais estava acostumada – o que significaria setores bastante competitivos, como o de vendas, e com pessoas de diferentes gerações.

Nossa validação concluiu que não lhe faltavam conteúdo, boa aparência ou descontração. Apenas dar especial atenção ao fato de que, pela primeira vez, iria se expor muito mais, saindo da estratégia e assumindo a frente do negócio.

Sabemos que Neusa assumiu o cargo recentemente. Portanto, não temos como conhecer, até a publicação deste livro, o resultado de sua nova experiência para concluir nestas páginas a mais recente etapa de sua história.

> Todos os dias faça alguma coisa de que você tem medo.
>
> Eleanor Roosevelt[48]

••• Olga, 59 anos •••

Formada em Economia e Finanças por uma das mais bem conceituadas universidades do país, Olga vem de uma família de classe média alta tradicional. Inteligente, bem preparada e dedicada, sua primeira corrida de carreira teve como cenário os

---

[48] Citada no livro *Conflict 101*: a manager's guide to resolving problems so everyone can get back to work, por Susan H. Shearouse, 2011. Amacom. Ver dados sobre Eleanor Roosevelt na nota 29.

grandes escritórios de consultoria financeira, alguns de renome internacional, atuando inicialmente em uma área de vanguarda para sua época – mercado internacional. Seu amplo conhecimento a levou a fazer um movimento de carreira para a área de fusões e aquisições, na primeira onda dessas operações no Brasil. Hoje, Olga está terminando seu mestrado com foco neste tema.

Ela é uma pessoa muito trabalhadora e exigente. Casada com um professor universitário, tem filhos e, dentro do possível na administração de uma carreira, foi muito presente na educação deles, fazendo questão que cursassem escolas e faculdades de primeira linha. Hoje, todos estão formados e com boas perspectivas profissionais.

Apesar da idade, Olga continua olhando para a frente, cuidando do seu futuro. Ela nos contou que sempre se viu trabalhando e continuando na ativa aos 60, 65 anos; por isso, nunca deixou de atualizar seu conhecimento e estar presente no mercado. Escreve boletins para o setor e é muito respeitada em sua área de atuação.

Mas nem sempre tudo foi um mar de rosas. Enfrentou muitas barreiras na carreira. Seu perfil objetivo, decidido e pragmático muitas vezes entrou em confronto com homens que não admitiam e nem admitem essa postura em uma mulher. Ela nos contou que várias vezes enfrentou seus gestores, o que acabou lhe custando pedidos de demissão, sempre por sua iniciativa. Felizmente, devido ao seu reconhecido e respeitado *background* profissional, nunca ficou desempregada.

Seu alto grau de empregabilidade também serviu de respaldo para manter sua postura durante as várias etapas da carreira em um mercado que, durante anos, foi dominado por uma imensa maioria masculina. Quando se formou, o mercado de capitais era considerado área "para homem", mas seu preparo sempre a permitiu falar de igual para igual. Contou-nos que nunca acuou perante um gestor em uma discórdia e percebia que muitas discussões acabavam em medição de forças. Mas seu capital intelectual sempre deu suporte para não voltar atrás em sua posição. Mesmo sendo mulher, sabia que se deixasse o emprego, não ficaria sem trabalho.

O espírito de autonomia de Olga não se restringiu apenas ao lado profissional. Em casa, também contribuiu financeiramente com as despesas, como hoje acontece com muitos casais. Mas na época era incomum, o que revela a modernidade do casal. Ela nos contou que, além disso, gerenciou seus ganhos sem a interferência do parceiro, que dava apenas sugestões.

O longo início dessa história se justifica para que se tenha uma perspectiva mais completa do que ocorreu na carreira de Olga, em uma fase em que muitas pessoas estão pensando em sair da cena profissional.

Há cerca de seis anos, estava trabalhando em uma grande consultoria quando entrou em confronto com um dos principais gestores. Ela era sócia minoritária e disse discordar da forma como a remuneração dos funcionários era tratada por ele. O clima ficou insuportável, e uma colega de trabalho aproximou-se dela. Era uma jovem economista de cerca de 29 anos, muito bem preparada intelectualmente e que, em matéria de comportamento e atitudes, lembrava muito a própria Olga no início da carreira.

De repente, em meio a uma conversa, essa jovem sugeriu: vamos montar o nosso escritório, só de mulheres?

Um escritório de mulheres? Olga ficou encantada com a ideia, estava cansada de sempre "bater de frente" com seus gestores homens.

Particularmente, concluímos que havia algo de machismo na discordância que ela sempre enfrentava com seus gestores, repetida frequentemente na divisão de bônus, em que as mulheres recebiam valores mais baixos.

Olga aceitou a sugestão da colega e saíram da empresa para montar um escritório próprio, com mais quatro jovens do mesmo setor – sendo apenas ela da geração *baby-boomer*. A ideia era boa: cada sócia tinha uma especialização, apenas Olga reunia experiência em várias áreas e também era acionista majoritária.

O escritório foi muito bem montado, elegante, e inicialmente funcionou às mil maravilhas – uma vez por semana faziam um café da manhã na sala de reuniões para discutirem planos e estratégias. Porém, algum tempo depois, Olga percebeu que ela e as sócias não estavam mais alinhadas – enquanto as jovens eram muito voltadas para resultados a curto prazo, ela olhava para o futuro, para o crescimento do negócio, queria traçar metas, planos, estratégias.

Foi quando nos procurou para refletir sobre esse seu momento. Desfez a sociedade e deixou seu empreendimento, liberando-se para uma oportunidade. Com seu currículo e *background*, a transição foi rápida, mesmo estando no alto dos seus 59 anos.

Hoje, Olga está em um escritório de grande renome e "muito bem, trabalhando das 7 da manhã às 10 da noite", segundo ela nos relatou. Sabemos que dorme poucas horas por noite porque adora o que faz. Além do mais, vai ser avó brevemente e tem certeza de que conseguirá tempo para curtir essa fase, assim como o marido, os filhos e seu lazer.

Ela é uma dessas mulheres de fibra, que desde a formatura se propôs a chegar lá e, mesmo com algumas sinuosidades no caminho – saiu do trilho, voltou para ele, e colocou o trem da carreira para andar –, nunca deixou de olhar para o futuro e fazer novos planos.

Sua história é uma clara demonstração de que pessoas que têm meta, disciplina, planejamento e direção, estejam com 18, 30 ou 60 anos, sempre obtêm o que desejam, sem abrir mão da felicidade pessoal. Uma equação perfeita, à prova de qualquer tempo.

> Eu sou o que sou hoje devido às escolhas que fiz ontem.
>
> Eleanor Roosevelt[49]

---

[49] Citada no livro *The 7 habits of highly effective people,* por Stephen R. Covey, 2004. Free Press. Ver dados sobre Eleanor Roosevelt na nota 29.

••• **Encerramento** •••

Agora, conte sua história.

Gostaríamos de finalizar este livro incluindo a trajetória da sua carreira, para a qual reservamos o espaço a seguir:

Nome: _____ Idade: _____ anos

_____
_____
_____
_____
_____

Após o primeiro passo para reflexão, analise em que fase da carreira você está:

1. Se você está na fase da *Escolha*, recomendamos que procure um profissional experiente, especializado em carreira para traçar metas de curto prazo, alcançáveis, e vá em frente de forma organizada. Escreva-as e coloque-as em um lugar visível para que possa acompanhar diariamente seu desempenho.

2. Se você está na fase do *Confronto*, exerça a humildade – o não saber é o primeiro passo para a descoberta do conhecer e aprender. Cuidado com sua precipitação. Recomendamos um trabalho de autoconhecimento e que, antes de tomar qualquer decisão, registre os prós e os contras da decisão tomada.
3. Se você está na fase da *Corrida*, vá em frente, não tenha medo, batalhe pela sua remuneração, acredite nas suas competências e planeje sua vida pessoal: maternidade, férias, cursos no exterior etc. Recomendamos que você compre um objeto que tenha um significado relacionado aos seus objetivos e deixe-o à vista. Assim você não se sabotará.
4. Se você está na fase da *Hora da verdade*, sim, você é tudo isso mesmo! E agora? Não tenha medo e nem se esconda atrás da "preguiça" de conquistar um cargo de expressão na organização ou de empreender algo que sempre sonhou. Recomendamos um *counselling, coaching, mentoring,* terapeuta etc. Estes profissionais lhe darão suporte quando você estiver entre a razão e a emoção.
5. Se você está na fase da *Busca do equilíbrio*, não tenha medo de encarar de frente esse momento. É a hora do SIM ou do NÃO para, entre muitas opções: querer **estar** presencialmente mais ou menos tempo no trabalho, realizar as férias sonhadas com mais de 20 dias, sentir-se mais jovem, fazendo uma plástica ou não etc. Recomendamos que você distribua, a partir do centro do círculo para as extremidades, como um gráfico "pizza", quanto tempo, de 1 a 10, você tem investido em cada área da sua vida relacionada abaixo:

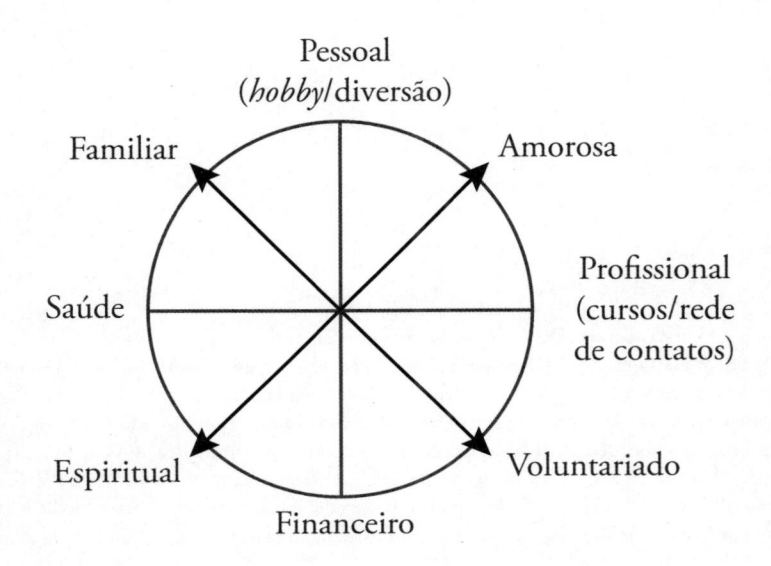

Pessoal (*hobby*/diversão)
Familiar
Amorosa
Saúde
Profissional (cursos/rede de contatos)
Espiritual
Voluntariado
Financeiro

Reflita e planeje ações necessárias para seu ponto de equilíbrio.

6. Se você está na fase de *Novas escolhas*, precisa olhar o novo, o inimaginado, quebrar paradigmas, e aceitar que SIM, é possível! Para tanto, recomendamos que pesquise sobre essa escolha em livros, internet, cursos; com amigos, cônjuge, filhos, netos e parta para a ação!

7. Se você está na fase *De volta ao futuro*, nosso alerta é aprender a navegar no mundo virtual e a conviver com a geração *y* ou *millennials*. Saiba que você tem muito a oferecer e deixe-se surpreender com essa nova realidade! Relaxe!

Por fim, queremos compartilhar com você esse conceito:

> É mais importante saber para onde você está indo do que chegar lá rapidamente. Não confunda movimentação com realização.
>
> Mabel Newcomer[50]

Um abraço e boa sorte!

Fernanda e Stella

---

[50] Citada no livro *Goldratt's theory of constraints*: a systems approach to continuous improvement, por H. William Dettmer, 1997. Quality Press. Mabel Newcomer (1892-1983) foi uma economista norte-americana, acadêmica no Vassar College, tradicional instituição dos Estados Unidos, responsável pelo departamento de Economia de 1917 a 1957 e combinava, segundo a própria instituição, grande capacidade como educadora e liderança como economista. É autora de vários livros, entre os quais, *The Big Business Executive* e *A Century of Higher Education for American Women*. Para ela, a Economia é uma ciência social e, como tal, deve preocupar-se com o comportamento das pessoas, uma crítica à visão puramente abstrata e matemática de muitos economistas.

Anexo 1
••• Pesquisa Angeramis •••

Levantamento realizado com 94 clientes do sexo feminino das seguintes faixas etárias:

- 38,30%   até 35 anos
- 57,45%   acima de 35 anos
- 4,25%   não responderam

1. Com que verbo você relaciona trabalho?

- 58,51%   Realizar
- 28,72%   Contribuir
- 8,52%   Proporcionar
- 1,06%   Poder
- 3,19%   Não responderam

2. O que as mulheres procuram quando escolhem uma carreira profissional?

- 56,38%   Realização financeira
- 17,02%   Contribuição social
- 13,83%   Ocupação
- 5,32%   *Status*
- 7,45%   Não responderam

3. Para você, sentir-se realizada na carreira é:

- 69,15%   Ter equilíbrio entre vida pessoal e profissional

- 13,83%   Obter reconhecimento social
- 10,64%   Atingir uma posição no trabalho
- 3,19%   Ter ganhos financeiros
- 3,19%   Não responderam

4. Em sua opinião, qual é o papel da família na carreira da mulher?

- 78,72%   Incentivador
- 15,97%   Orientador
- 3,19%   Pressionador
- 1,06%   Inibidor
- 1,06%   Não responderam

5. Assinale em qual das alternativas abaixo você se encaixa, considerando as novas estruturas familiares:

- 59,57%   A mulher como coprovedora do sustento familiar
- 25,53%   A mulher como provedora do próprio sustento
- 9,57%   A mulher como chefe de família, provedora do lar sem a participação masculina
- 4,26%   A mulher como a principal provedora do sustento da família
- 1,07%   Não responderam

6. Você sofre cobranças e pressões de seus familiares quanto a sua carreira?

- 28,72%   Sim – se você optou pelo sim, passe para a questão seguinte
- 71,28%   Não – se você optou pelo não, vá para a pergunta de número 8

7. Como você administra as cobranças e pressões de seus familiares:

- 18,09%   Considero
- 11,70%   Fico angustiada
- 4,26%   Peço ajuda
- 3,19%   Ignoro
- 62,76%   Não responderam

8. Como as mulheres lidam com o risco?

- 47,87%   Com coragem
- 45,74%   Com cautela
- 3,19%   Com prazer
- 2,13%   Com indecisão
- 1,07%   Não responderam

9. Tomada de decisão: de que forma a mulher lida com esta questão?

- 58,51%   Com firmeza
- 17,02%   Com apreensão
- 12,77%   Com tranquilidade
- 11,70%   Com sentimentalismo

10. Qual é o estilo predominante da mulher na posição de líder?

- 68,09%   Conciliador
- 15,96%   Duro
- 8,51%   Emocional
- 6,38%   Afetuoso
- 1,06%   Não responderam

11. De que forma você observa executivas e empresárias lidando com crises e mudanças?

- 57,45%   Com realismo
- 25,53%   Com otimismo
- 10,64%   Com apreensão
- 3,19%   Com pessimismo
- 3,19%   Não responderam

12. Na sua percepção, como é a relação entre seus interesses profissionais e sua vida pessoal?

- 39,37%   Equilibrada
- 34,04%   Sobrecarregada

- 17,02%   Conflitante
- 9,57%   Conformada

13. Dos conceitos abaixo, escolha qual melhor representa a contribuição da mulher para a transformação do ambiente de trabalho:

- 27,66%   Construtividade
- 15,96%   Praticidade
- 13,83%   Agente da realidade
- 13,83%   Justiça
- 6,38%   Inovação
- 5,32%   Amistosidade
- 5,32%   Simpatia
- 3,19%   Gentileza
- 2,13%   Descontração
- 2,13%   Organização
- 4,26%   Não responderam

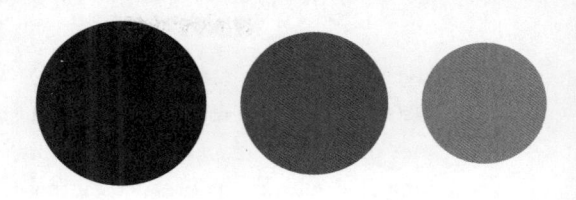

Anexo 2
••• Método Angeramis – Projeto de desenvolvimento de carreira •••

Muita gente tem curiosidade de saber como é um projeto de desenvolvimento de carreira. Sob o ponto de vista metodológico, o modelo desenvolvido pela nossa consultoria possui três etapas, com duração média total de 12 reuniões para três meses de consultoria.

- A primeira fase envolve a aplicação do instrumento MBTI®, um dos mais respeitados métodos para revelar traços de personalidade (ver tópico *Quem é você?*, neste mesmo capítulo). Esse material é empregado, em quatro reuniões, como suporte para aprofundarmos com o cliente seu autoconhecimento – desde como é seu estilo de liderança, como são suas tomadas de decisão e como enxerga o mundo, até como se relaciona com as pessoas, como gosta de receber *feedback*, como é sua carreira, qual sua forma de comunicação e, principalmente, quais suas "armadilhas", ou seja, a causa da instabilidade. O autoconhecimento permite que a pessoa se veja de dentro para fora e reconheça que ela é mais importante do que as circunstâncias de carreira que estão pressionando aquele momento de sua vida.

Para nosso trabalho, o MBTI® funciona como uma bússola, facilitando o alinhamento entre a nossa linguagem e a do cliente. É nessa fase que aprendemos o seu "idioma", aquele que fala com seu verdadeiro eu. O indicador também nos ajuda a entender como são a dinâmica e o processo desencadeados pelas percepções do cliente, além das atitudes que influenciam sua tomada de decisão durante a vida.

Esse processo garante que a segunda etapa da consultoria seja assertiva, isto é, não envolva diferentes percepções. Por exemplo, quando uma pessoa é do tipo concreto – demonstra preferir objetivos "de curto prazo", gosta de planos e de ação –, não adianta entrarmos no terreno das teorias, da abstração, pois não atingiremos os objetivos propostos.

- Na segunda etapa, abordamos a atual situação da carreira do cliente. Costumamos dizer que "colocamos um holofote" sobre seu momento profissional. Para tanto, levantamos maiores detalhes sobre as circunstâncias e os comportamentos adotados em sua trajetória profissional e verificamos se este momento repete outro, ocorrido no passado, isto é, se existe um círculo vicioso e não virtuoso. De acordo com nosso modelo de consultoria, é esse o momento de acionarmos pequenos "alertas" para causar rupturas nos comportamentos repetitivos.

Como a pessoa acabou de vir da primeira etapa, ou seja, do processo de autoconhecimento, é mais fácil para ela ter um novo olhar sobre seus movimentos anteriores na carreira. E, principalmente, reconhecer o conjunto de percepções e julgamentos que a levaram ao ponto em que se encontra hoje. Nesse momento, ela pode chegar até a se questionar: "Foi meu comportamento ou a empresa que gerou essa instabilidade em mim?". A partir de respostas a perguntas desse tipo, ela irá escolher se quer ou não mudar.

- A terceira e última etapa, portanto, trata das escolhas e dos acertos de comportamentos e decisões do cliente, além das ações a serem adotadas para atingir as metas e ser feliz; que podem ser desde estipular um prazo para modificar uma atitude, como solicitar transferência para outro setor na companhia, fazer um curso de aperfeiçoamento, dar *feedback* para o chefe, até pedir uma nova avaliação, ou fazer o que fizemos: optar pelo empreendedorismo.

Para o cliente se posicionar, ou seja, gerar uma nova atitude daquele ponto em diante, é preciso ter clareza do que deseja fazer, porque agora ele é uma "pessoa revelada" a si mesmo e irá iniciar uma construção a partir dessa revelação. Cabe a ele decidir por mudar seu jeito de atuar ou continuar como sempre foi. A diferença é que, de agora em diante, irá se responsabilizar por suas escolhas, não as atribuindo a outra pessoa, situações ou circunstâncias – o que evita as grandes instabilidades de carreira.

••• É importante destacar... •••

Como mencionamos no início do livro, associamos o termo carreira ao conceito de corrida para alcançar um objetivo que nos dê resultado financeiro e prazer. Por quais caminhos é possível atingir esse objetivo depende de cada pessoa.

Para muitas pode significar traçar uma trajetória planejada passo a passo e mantê-la, sem "desviar-se". Em nossa opinião, não deve haver essa rigidez. O importante é fazer o que se gosta e enquanto gosta.

Eu, Stella, por exemplo, saí de uma primeira experiência em publicidade para o setor comercial de cartões de crédito e dali mudei para uma empresa de Recursos Humanos – onde desenvolvi a divisão de aconselhamento e "encontrei-me" profissionalmente, sentindo-me feliz. Já a Fernanda chegou à mesma área por caminhos diferentes, partindo da experiência pedagógica para o treinamento de pessoal na Itália, onde também teve experiência em negociação, em recrutamento e seleção e, mais tarde, como ela diz, " encontrou-se" no aconselhamento profissional.

Para nós duas, o cenário das carreiras, até então, desenhava-se no mundo corporativo. Por isso, quando alguém hoje nos pergunta se algum dia pensávamos em ser empresárias e empreendedoras, a resposta é um enorme não. Não planejamos esse caminho – mas tínhamos clareza do nosso objetivo de carreira: trabalhar em algo que nos desse prazer e recompensa financeira.

Na nossa visão, a carreira não precisa ter um planejamento que anteceda sua trajetória – pode perfeitamente ser desenhada *durante* seu desenvolvimento, sempre que estamos sintonizados com o que fazemos e podemos dar nossa contribuição; enfim, nos sentirmos felizes naquela equipe, naquela organização, naquele trabalho. Afinal, a vida passa por diversos ciclos. Portanto, eles podem e devem ser considerados nos movimentos de carreira, sejam ascendentes ou laterais.

Tanto que alguns de nossos clientes retornam à consultoria praticamente a cada mudança de ciclo, para planejar seu próximo movimento profissional. De acordo com nossa experiência, atualmente isso ocorre entre três e cinco anos, quando se completa outra fase de "plantar, semear, colher e apreciar resultados".

No passado, contavam-se nos dedos as opções de carreira existentes e, após escolhida, esta geralmente se desenrolava em uma única empresa – na maioria das vezes, a mesma em que o profissional havia ingressado assim que recebia seu diploma.

Hoje, o *chronos* humano mudou, o que significa intervalos menores na nossa linha do tempo. O que a gente amadurecia em 20, 30 anos, atualmente precisa de 5, 7, 10 anos, no máximo. Temos necessidade de nos informar mais, de ter mais conhecimento, de mudar – tudo em muito menos tempo.

Outro fator de grande influência no novo conceito de carreira é o reconhecimento, por parte das ciências biológicas e humanas, de que cada pessoa é um ser único – e as carreiras devem seguir essa personalização ou personificação.

Não há receita única, e comprovamos essa verdade em cada profissional que procura nossa consultoria – está aí a principal razão de todos os nossos projetos de desenvolvimento serem personalizados ou *taylor made*, como demonstram as histórias de carreira apresentadas neste livro.

••• Quem é você? •••

O Myers-Briggs Type Indicator (MBTI®) tem como base a teoria dos tipos psicológicos descritos por Carl Gustav Jung, criador da Psicologia Analítica.

Segundo essa teoria, nosso comportamento difere de acordo com a forma de percebermos e julgarmos o mundo e as pessoas a nossa volta. Esses dois fatores estão por trás das diferentes atitudes que temos diante dos acontecimentos.

O MBTI® foi desenvolvido por Isabel Briggs Myers e sua mãe, Katharine Briggs, chegando a 16 tipos diferentes de personalidade revelados pelas respostas a um questionário que levanta as preferências de cada indivíduo. Por exemplo, você prefere o mundo exterior ou interior? Costuma concentrar-se nas informações que recebe ou prefere interpretá-las e dar-lhes um significado próprio? Toma decisões a partir de sensações e sentimentos ou segue a lógica e a razão? Lida com o mundo a partir de julgamentos ou de percepções?

O objetivo é saber o que leva um indivíduo a tomar decisões e a agir de determinadas maneiras repetindo o mesmo comportamento diante de situações diferentes. É importante destacar que, de acordo com esse método, não existe um tipo de personalidade melhor do que outro. Existem apenas pessoas diferentes entre si. Ou seja, o MBTI® é um instrumento de grande importância para o autoconhecimento. Como sabemos, o autoconhecimento permite alinhar nossas mais profundas aspirações com o curso de nossas ações – combinando realização com felicidade.

Desde seu lançamento oficial em 1962, o MBTI® é considerado um dos instrumentos mais confiáveis para conhecer a personalidade de uma pessoa, sendo validado por centenas de estudos que demonstram sua eficácia.

Desenvolvido inicialmente nos anos de 1940, o método tem sido atualizado e adaptado sem perder a ligação com sua base, a teoria dos tipos psicológicos de Jung. É usado atualmente por milhões de pessoas em todo o mundo. Sua aplicação deve ser feita por profissionais certificados pela Fundação Myers-Briggs (The Myers & Briggs Foundation), nos Estados Unidos.[1]

---

[1] O MBTI® é um instrumento restrito e requer qualificação específica para ser aplicado. Para obtê-la, o profissional que não tenha conhecimento acadêmico prévio na área deve ser treinado no uso e na interpretação desse instrumento por meio de curso específico do MBTI. Além de garantir o uso ético e preciso do indicador, o treinamento também proporciona ao profissional métodos e conhecimentos necessários para ajudar os clientes a entenderem e utilizarem os resultados do MBTI® em vários aspectos de suas vidas. Fonte: The Myers & Briggs Foundation, <http://www.myersbriggs.org>.

Anexo 3
••• A ONU e os "Princípios de empoderamento das mulheres"[1] •••

Como mencionamos anteriormente, os Princípios são uma iniciativa do Fundo das Nações Unidas para a Mulher (United Nations Development Fund Women – Unifem) e do Pacto Global das Nações Unidas, que visa avanços reais no cumprimento dos Objetivos do desenvolvimento do milênio, especificamente o Objetivo 3: promover a igualdade entre os sexos e a autonomia das mulheres em todo o mundo.[2]

O documento de divulgação desses princípios tem como objetivo fornecer "um conjunto de considerações que ajudam o setor privado a concentrar-se nos elementos-chave para a promoção da igualdade entre gêneros no local de trabalho, no mercado e na comunidade".

1. Estabelecer uma liderança corporativa de alto nível para a igualdade de gênero.
2. Tratar todos os homens e mulheres de forma justa no trabalho – respeitar e apoiar os direitos humanos e a não discriminação.
3. Assegurar a saúde, a segurança e o bem-estar de todos os trabalhadores e trabalhadoras.
4. Promover a educação, a formação e o desenvolvimento profissional das mulheres.
5. Implementar o desenvolvimento empresarial e as práticas da cadeia de fornecedores e de marketing que empoderem as mulheres.
6. Promover a igualdade através de iniciativas comunitárias e de defesa.
7. Medir e publicar relatórios dos progressos para alcançar a igualdade de gênero.

---

[1] O documento original está disponível no site: <http://www.unifem.org.br/sites/700/710/00001920.pdf>.
[2] Segundo documento divulgado pelo site do Unifem no Brasil, em 21/06/2010: <http://www.unifem.org.br/sites/700/710/00001929.pdf>.

O documento traz ainda definições e conceitos fundamentais, entre os quais destacamos:

- **Empoderamento**: "significa que as pessoas – tanto mulheres como homens – podem assumir o controle das suas vidas: definir seus objetivos, adquirir competências (ou ver suas próprias competências e seus conhecimentos reconhecidos), aumentar a autoconfiança, resolver problemas e desenvolver sua sustentabilidade. É, simultaneamente, um processo e um resultado".
- **Gênero**: "refere-se à variedade de papéis e relacionamentos socialmente construídos, traços de personalidade, atitudes, comportamentos, valores, poder relativo e influência que a sociedade atribui aos dois sexos de forma diferenciada. Enquanto o sexo biológico é determinado por características genéticas e anatômicas, o gênero é uma identidade adquirida, que é aprendida, muda ao longo do tempo e varia grandemente dentro e entre as culturas. O gênero é relacional e refere-se não só a mulheres ou homens, mas às relações entre estes".
- **Sexo**: "refere-se às características biológicas que definem as pessoas como homens e mulheres. Estes conjuntos de características biológicas não são mutuamente exclusivos, uma vez que existem indivíduos que possuem ambos, mas estas características geralmente diferenciam as pessoas como mulheres e homens".
- **Igualdade de gêneros**: "descreve o conceito de que todos os seres humanos, tanto mulheres como homens, são livres para desenvolver suas capacidades pessoais e fazer escolhas sem as limitações impostas pelos estereótipos, papéis rigidamente atribuídos a um gênero ou preconceitos. A igualdade de gênero significa que os diferentes comportamentos, aspirações e necessidades das mulheres e dos homens são considerados, valorizados e favorecidos equitativamente. Não significa que as mulheres e os homens têm de se tornar idênticos, mas que seus direitos, responsabilidades e oportunidades não dependem do fato de terem nascido com o sexo feminino ou o masculino".
- **Equidade de gêneros**: "significa que as mulheres e os homens são tratados de forma justa, de acordo com as respectivas necessidades. Pode incluir um tratamento que seja igual ou diferente, mas considerado equivalente em termos de direitos, benefícios, obrigações e oportunidades. No contexto do desenvolvimento, um objetivo de equidade de gênero frequentemente requer medidas integradas para compensar as desvantagens históricas e sociais das mulheres".